유혹하는
경복궁

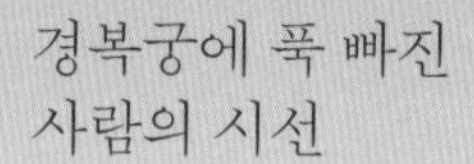

박찬희 글 | 이의렬 · 이가명 사진

유혹하는 경복궁

1판 1쇄 발행 2025년 1월 24일

글쓴이 박찬희 | **사진** 이의렬 이가명 | **디자인** 신병근 황지희

펴낸이 임중혁 | **펴낸곳** 빨간소금 | **등록** 2016년 11월 21일(제2016-000036호)

주소 (01021) 서울시 강북구 삼각산로 47, 나동 402호 | **전화** 02-916-4038

팩스 0505-320-4038 | **전자우편** redsaltbooks@gmail.com

ISBN 979-11-91383-53-9(03910)

• 책값은 뒤표지에 있습니다.

유혹하는 경복궁
빨간소금

경복궁 전도

● 이순신 장군 동상

● 대한민국역사박물관

신무문
청와대
태원전
집옥재
건청궁
장고
향원정
함화당
집경당
흥복전
아미산
굴뚝
경회루
교태전
국립민속박물관
강녕전
자경전
사정전
소주방
근정전
동궁
영제교
건춘문
동십자각

나에게 "여기가 서울이야!"라고 알려 주는 랜드마크는 뭐니 뭐니 해도 경복궁이다. 서울 한복판에서 자신의 존재감을 드러내며 늘 그 자리를 지키고 있으니까 말이다. 그렇게 오래 지켜만 봤을 뿐 굳이 알려 하지 않았는데, 박찬희 선생님의 경복궁 답사에 참여해 제대로 둘러볼 기회가 생겼다.

광화문을 들어서기 전부터 시작된 선생님의 설명은 근정전을 거쳐 건청궁까지 쉴 새 없이 이어진다. 선생님의 이야기에 귀 기울여 듣다 보면 어느새 조선의 바로 그 장면에 가 있는 듯하다. 그러다 슬쩍 시계를 보면 벌써 몇 시간이 흘러 있다. 그만큼 박찬희 선생님이 꼼꼼히 짚어 주는 경복궁 이야기는 생생하면서도 흥미진진하다. 선생님이 쓴 경복궁 책에는 어떤 이야기가 담길지 너무너무 궁금하다! • 김연희(출판편집자)

"역사 선생님들과 답사를 가 보려는데 도움을 주실 분이 계실까요?" 박찬희 선생님과의 인연은 세상을 휩쓴 코로나 바이러스의 기세가 꺾여갈 즈음 시작됐습니다. 저는 고등학교에서 역사를 가르치고 있는 교사로, 뜻맞는 동료 선생님들과 연구회에서 의미 있는 역사 수업을 고민하고 있습니다. 흔히들 주변에서 교실 밖으로 나가 역사 현장으로 가는 답사를 역사 수업의 꽃이라고 합니다. 역사란 시간과 공간이 만들어 낸 장(場)에서 펼쳐지는 인간 삶 그 자체기도 하니, 옛사람이 살았던 장소를 찾아가는 건 분명 의미 있는 움직임이자 배움일 것입니다. 하지만, 단순히 찾아가는 것을 넘어서 깊이 느끼고 싶다면 한 걸음 더 나아가야 합니다. 수많은 이야기가 모여 한 인간의 삶을 만들었고, 공간은 예부터 현재까지 수많은 삶을 담아냈습니다. 그러니 장소에 깃든 이야기들을 알면 더 잘 느낄 수 있지 않을까요? 느끼면 장소가 다르게 보이고, 깊게 다가올 것입니다.

단풍이 곱게 물든 가을날, 박찬희 선생님과 함께 경복궁(궁 외에도 여러 곳을 함께 방문했습니다만)을 찾았습니다. 광화문광장에서 향원정까지 우리 시선은 밖에서 안으로, 원경(遠景)

에서 근경으로, 15세기 조선에서 2024년 현재로 들어가며 그 속에 담긴 이야기와 만났습니다. 대한민국역사박물관 옥상에서 바라본 경복궁 전경과 제일 깊은 곳에 들어가 몸을 돌려 바라본 경복궁의 모습은 지금도 머릿속에서 생생하게 떠오릅니다. 박찬희 선생님과 경복궁을 걸으며 저는 경복궁에 깃든 이상적인 유교 국가의 모습, 평안과 행복을 바라는 개인의 감정, 일제강점기의 수난과 격동의 현대사를 느꼈고, 상징적인 건축물이자 사람들이 살았던 삶의 공간인 경복궁의 모습을 보았습니다.

첫술에 배부를 수 없듯 첫눈에 모든 걸 느끼긴 힘들 것입니다. 아니, 느낄 수 없다는 표현이 더 정확할 겁니다. 박찬희 선생님과의 답사 이후 여러 번 경복궁에 갔습니다. 다른 계절, 다른 시간에 다른 사람과. 어떤 날은 가벼운 산책이었고, 어떤 날은 자세히 들여다보는 답사였습니다. 그때마다 경복궁은 새롭게 저를 유혹했고, 전에는 보지 못했던 색다른 매력에 빠져들었습니다. 박찬희 선생님처럼 저 역시 앞으로도 계속 경복궁을 찾을 것입니다. 그렇게 경복궁을 즐기는 저만의 방식을 만들어 가고자 합니다. 박찬희 선생님께서 책집필에 많은 정성을 들이셨습니다.《유혹하는 경복궁》과 함께 경복궁을 즐기는 여러분만의 방식을 만들어 가셨으면 합니다. 출간을 진심으로 축하드립니다. • 박주연(역사 교사)

박찬희 소장의 경복궁 투어는 특별했다. 출발지부터 그랬다. 바로 이순신 장군 동상 앞, 즉 세종대로에서 광화문을 바라보며 걷는 건 그때가 처음이었다. 이제는 경복궁을 조망하는 곳으로 유명해진 대한민국역사박물관 옥상정원에서 내려다본 경복궁 전경도 아주 특별했다. 그리고 경복궁 매표소에서 아주 특별한 순간을 느꼈던 기억이 새롭다. 입장권을 사기 위해 기다리면서 바라본 인왕산 병풍바위에 일제가 '동아청년단결'이라는 글자들을 새겼었다는 이야기를 듣고 아픈 역사를 되새겼다. 출발부터가 이 정도로 특별했으니, 그 뒤에 얼마나 많은 보석 같은 이야기가 쏟아졌는지 짐작할 수 있을 것이다.

박찬희 소장은 정말 '경복궁에 진심인 사람'이다. 그는 맑은 날은 말할 것도 없고 흐린 날, 특히 눈이 오거나 비가 오면 제일 먼저 경복궁에 가서 경복궁을 직접 느끼고 사진을

찍었다. 그런 역사 작가가 쓴 책이니 어찌 기대하지 않을 수 있을까. • 성수용(개인사업, 자유기고가)

지지난해 박찬희 샘과 함께 춘하추동에 걸쳐 10여 회 남짓 경복궁 구석구석을 거닐며 경복궁의 매력에 그만 폭 빠져 버렸다. 비 오는 날(세찬 소나기면 더 좋다), 꼭 한번 가 보시기를 강추한다. • 이호영(회사원)

박찬희 선생님과 함께한 첫 경복궁 투어는 재미있는 '동물 찾기 놀이' 같았다. 경복궁 곳곳에 숨어 있는 신비한 동물들! 책을 보면서 경복궁 곳곳에 숨어 있는 이야기를 들을 생각에 벌써부터 설렌다. • 임보현(화가)

화려하지만 차갑게 보였던 전각과 석물이 따뜻한 피가 도는 생물처럼 다양하고 입체적인 얼굴로 다가왔다. 건물에 드리운 그림자, 귀퉁이에 핀 작은 들꽃 하나도 허투루 보이지 않는. 비 오는 날, 눈 오는 날, 봄꽃 피는 날, 내 마음은 경복궁을 향해 달려간다. • 주현정(캘리그라퍼)

| 차례 |

| 프롤로그 |

지금 경복궁에
비가 내린다면

벌써 5년 전입니다. 2020년 코로나19가 전 세계를 덮쳤습니다. 사람이 사람을 만나면 위험해 거리두기를 했고, 마스크는 순식간에 생존 필수품이 되었습니다. 모든 사람이 한꺼번에 사라진 듯 거리도, 광장도, 궁궐도 텅 비었습니다.

'낯설고 비현실적인 궁궐은 어떤 느낌일까?'

서둘러 마스크를 쓰고 광화문광장을 지나 경복궁으로 들어갔습니다. 사람들만 드문드문 보일 뿐 경복궁을 채우던 한복의 물결도, 관광객 가이드의 펄럭이던 깃발도 거짓말처럼 사라졌습니다. 사람이 지워진 경복궁을 걸으며 온전히 경복궁 자체에 집중할 수 있었습니다. 오랫동안 경복궁을 다녔지만, 이런 경험은 처음이었습니다. 그러자 보이지 않던 것들이 보이기 시작했습니다. 그동안 웬만큼 안다고 믿었던 경복궁은 거기에 없었습니다. 경복궁은 거대하면서도 고요하고 평온하고 깊고 따뜻했습니다.

2021년에는 틈날 때마다 나들이 가듯 경복궁을 찾았습니다. 2022년에는 경복궁을 제대로 알고 싶어 1년 계획을 세웠습니다. 1월부터 12월까지 한 달에 적어도 세 번씩 가자! 그해 30여 차례 경복궁을 찾았고, 갈 때마다 보통 5시간을 걸었습니다. 이렇게 한 해를 보내자, 경복궁이 어떤 곳인지 감이 왔습니다. 같은 공간이라도 아침과 저녁이 다르고 봄과 가을이 달랐습니다. 가면 갈수록, 알면 알수록 경복궁은 점점 더 커졌습니다.

그동안 내가 느낀 감동을 여러 사람과 나누고 싶었습니다. 2023년에는 경복궁을 보는 방법에 주목해 사람들과 경복궁을 샅샅이 훑고 다녔습니다. 꽃 피는 봄에 시작한 답사는 청명한 가을에 마무리되었습니다. 걷다가 적당한 곳이 나오면 앉아서 두런두런 이야기를 나눴습니다. 각자의 이야기로 답사는 풍부해지고, 이해는 깊어지고, 궁궐에 살던 사람들에 대한 상상은 확장되었습니다. 경복궁은 마침표가 아니라 끊임없이 바뀌는 현재진행형이었습니다.

'다른 궁궐들과 경복궁은 어떤 점이 같고 다를까?'

궁금했습니다. 2024년에는 봄부터 창덕궁, 창경궁, 덕수궁, 경희궁 등 다른 궁궐도 다녔습니다. 오랫동안 좋아해 자주 간 창덕궁을 둘러볼 때였습니다.

'경복궁의 위엄과 권위는 다른 궁궐이 따라오기 힘들구나!'

경복궁은 조선 궁궐의 기준이었고, 이 궁궐을 기준 삼아 다른 궁궐을 다양하게 변주했다는 걸 깨달았습니다. 경희궁을 마지막으로 그해 궁궐 여행을 끝내며, 조선의 궁궐을 알고 싶다면 먼저 경복궁을 봐야 한다고 생각했습니다.

만약, 갈 때마다 다른 감동을 얻고 돌아설 때 다시 보고 싶어지는 것이 명작이라면 경복궁은 단연 명작입니다. 여러 번 와서 익숙한 공간에서도 새로운 모습을 발견하고 놀랍니다. 경복궁을 다시 가는 까닭은 갈 때마다 다른 경복궁을 만나기 때문이며, 그 순간이 지나면 같은 경복궁을 만날 수 없기 때문입니다. 경복궁은 아는 만큼 보이고 느낀 만큼 깊어지며, 간 만큼 새롭고 걸은 만큼 넓어집니다. 경복궁의 매력은 끝이 없습니다.

사람들과 경복궁에 갈 때면 늘 이렇게 말합니다. 재미있게 경복궁을 보는 손쉬운 방법이 있다고. '사진 찍기 전에 내 눈으로 보기'입니다. 사진기를 내려놓았을 때 내 눈으로 찬찬히 경복궁을 볼 여유가 생깁니다. 이때 우리가 모를 뻔한, 우리를 유혹하는 경복궁을 만납니다. 다음은 '계단처럼 높은 곳이 나오면 반드시 올라가서 보기'입니다. 보는 높이가 달라지면 보이는 게 달라지고 생각과 느낌도 바뀝니다. 그리고 '걸어온 길을 뒤돌아보기'입니다. 뒤돌아본다는 건 지나온 시간과 길을 잠시 반추하는 행위입니다. '고개를 들어 위를 보기'도 잊으면 안 됩니다. 기와집이 이루는 아름다움, 그 사이로 보이는 하늘로 경복궁은 늘 반짝거립니다. 마지막으로 '사람을 상상하기'입니다. 그 공간에 살았던 사람들을 상상하는 순간, 그 공간이 살아나는 마법을 경험합니다.

이 책은 지난 몇 년간 경복궁에 빠진 한 사람의 경험에서 출발합니다. 일부러 경복궁에 관한 세세하고 촘촘한 지식을 담지 않았습니다. 대신 경복궁을 보는 방법과 걷기에 집중하고 공간이 들려 주는 이야기에 귀를 기울였습니다. 처음 경복궁을 가거나, 다른 눈으로 보고 싶거나, 천천히 거닐고 싶은 사람을 염두에 두고 글을 썼습니다. 경복궁을 걷는 주요 동선에 따라 권역별로 책을 구성했고, 뒷부분에서는 그동안 눈여겨보지 않던 특별한 곳을 다뤘습니다. 이 책이 경복궁으로 내딛는 여러분의 한 걸음에 도움이 되기를 바랍니다.

그동안 나와 함께 경복궁을 걸은 모든 분께 감사드리고, 앞으로 경복궁을 걸을 모든 분께 응원을 보냅니다. 만약 책을 펼친 지금 비가 내린다면, 책을 덮고 경복궁 근정전으로 달려가 낙숫물 소리를 들으면 좋겠습니다.

2025년 1월

박찬희

1

영역

광화문광장

출발은

이순신 장군 동상

앞에서

세종대로 사거리

경복궁 여행을 어디에서 시작하면 좋을까요? 사람들은 대부분 경복궁의 정문인 광화문으로 갑니다. 이곳도 좋지만, 경복궁을 제대로 보려면 광화문광장 초입의 이순신 장군 동상 앞이 제격입니다.

이순신 장군 동상 뒤로 드넓게 펼쳐진 광화문광장 곁을 세종대로가 활주로처럼 뻗어 나갑니다. 그리고 광장과 대로 주위로 큰 빌딩이 빽빽하게 늘어서 있습니다. 조선시대에 이곳은 육조를 비롯한 중요 관청이 늘어선 거리이자 광장이었습니다. 육조는 조선의 중요 관청인 이조, 호조, 예조, 병조, 형조, 공조를 가리킵니다. 당시 이 거리는 경복궁으로 가는 가장 중요한 통로였습니다. 따라서 경복궁뿐 아니라 육조거리까지 봐야 경복궁을 제대로 보는 셈입니다.

이곳에서 시작하는 이유는 또 있습니다. 경복궁이 왜 이곳에 들어섰는지 알기에 좋기 때문입니다. 경복궁 동쪽으로 삼청동천(중학천), 서쪽으로 백운동천이 흐르는데 지금은 모두 복개되어 보기 힘듭니다. 경복궁은 이 개천들 사이에 자리 잡았습니다.

옛사람들은 궁궐을 세울 때 물줄기와 더불어 산을 중요하게 여겼습니다. 뒤로 산이 있고 앞으로 물이 흐르는 배산임수는 좋은 집터의 중요한 조건이었습니다. 경복궁 뒤로 가까이는 북악산, 멀리는 북한산 보현봉이 보입니다. 조선 사람들은 이 산들의 좋은 기운이 경복궁으로 이어진다고 믿었습니다. 이곳에서 보면 이 산들과 경복궁이 유기적으로 이어지는 걸 알 수 있습니다.

이순신 장군 동상 바로 앞이 세종대로 사거리입니다. 세종대로 사거리는 광장처럼 넓습니다. 그러나 조선 사람들은 이 사거리를 볼 수 없었습니다. 이곳에서 시청 방향으로 가는 길 대신 황토현이라는 낮은 언덕이 있었기 때문입니다. 그러니까 이곳은 사거리가 아니라 삼거리였습니다. 낮은 언덕에 길을 내서 사거리를 만들면 될 텐데 왜 그렇게 하지 않았을까요?

옛사람들은 길로 사람뿐 아니라 눈에 보이지 않는 기운이

≈ 경복궁 여행은 이순신 장군 동상 앞에서 출발하는 게 좋다.

드나든다고 믿었습니다. 기운에는 좋은 기운도 있지만 나쁜 기운도 있습니다. 경복궁으로 나쁜 기운이 들어온다면 왕실과 나라에 큰일이 생길 수 있습니다. 그래서 나쁜 기운을 막는 장치가 필요했습니다. 그 장치가 경복궁 앞을 가로지른 황토현이었습니다. 만약 언덕에 길을 내면 좋지 않은 기운이 곧바로 경복궁으로 몰려올 수 있다고 믿었던 것 같습니다. 황토현은 경복궁을 지키는 방파제였습니다.

황토현에 길이 생긴 건 아관파천과 관련이 깊습니다. 1896년 고종은 일본의 감시를 뚫고 경복궁에서 탈출해 러시아공사관으로 피했습니다. 다음 해 고종은 경복궁이 아니라 경운궁(지금의 덕수궁)으로 갔고, 그렇게 경운궁이 새로운 중심이 되면서 경운궁 주위로 길이 만들어집니다. 이때 황토현에 길을 내는데, 이 길을 새로 만든 길이라는 뜻에서 '신작로(新作路)'라고 불렀습니다. 수백 년 동안 나쁜 기운을 막던 황토현은 이제 그 역할을 다했습니다. 일제강점기에 접어들어 일제는 아예 황토현을 깎아 내고 대로를 만들었습니다.

사람들은 근현대사가 출렁거릴 때면 세종대로 사거리에

모였습니다. 1919년 3·1운동 때 독립을 외치며 이 앞을 지나갔고, 1960년 4·19혁명 때 시민들과 학생들이 이곳을 가득 메우고 이승만 대통령의 하야를 끌어냈습니다. 2016~2017년에는 박근혜 대통령 탄핵 촛불집회가 열렸습니다.

동쪽에 있는 교보생명 빌딩으로 눈을 돌리면 큰 기와 건물이 보입니다. 그런데 거대한 빌딩의 위세에 눌려서인지 아침저녁으로 이 옆을 지나는 사람도 이 건물의 존재를 의식하지 못할 때가 많습니다. 큰 존재감이 없는 이 건물이 바로 기념비전(紀念碑殿)입니다. 옛날에는 가장 격이 높은 건물에 '전(殿)'을 붙였습니다. 기념비전 안에는 고종 즉위 40년을 기리고 고종이 51세가 된 것, 곧 60세를 바라보는 나이가 된 걸 기념하는 칭경기념비가 서 있습니다. 이 비석은 1903년에 세워졌습니다. 이듬해인 1904년 러일전쟁이 일어나고 1905년 일본이 승리하면서 대한제국은 급격하게 무너져 제국을 꿈꾸던 비석도 빛을 잃었습니다.

경복궁 방향으로 눈을 돌리면 이곳의 랜드마크인 이순신 장군 동상이 세종대로 사거리를 내려다보고 있습니다. 장소의 중요성을 고려한다면 이순신 장군 동상이 이 자리에 있는 건 결코 우연이 아닙니다. 1961년 5·16군사정변으로 권력을 장악한 박정희가 내세운 가치는 민족과 국민의 희생이었습니다. 이걸 선전하기 위해 처음에는 이 일대에 위인들의 석고상을 세웠습니다. 그 뒤 석고상을 청동상으로 바꾸는데, 가장 먼저 가장 중요한 자리에 세운 동상이 이순신 장군입니다. 동상 받침대 뒤편 명판에 "헌납자 박정희"가 쓰여 있습니다. 사람들이 이순신 장군 동상을 보며 민족, 희생, 영웅, 그리고 박정희를 떠올리기를 바란 겁니다. 시간이 흐르면서 이런 의미는 거의 사라졌습니다.

천천히 걸으며
조선으로
타임 슬립하기

광화문광장

이제 이순신 장군 동상을 떠나 광화문 방향으로 가겠습니다. 이때 이순신 장군 동상의 왼쪽으로 가야 경복궁이 잘 보입니다. 천천히 걸으며 광화문, 북악산, 북한산이 어떻게 변하는지 눈여겨보면 좋습니다. 배경처럼 보이던 북한산이 점차 사라지고 작아 보이던 광화문이 점차 커질 겁니다. 광화문에 가까워질수록 내가 작아지는 느낌이 드는데, 하물며 왕을 나라님으로 여기던 시절에는 어땠을까요?

광화문광장을 걸을 때 의식하고 보면 달라 보이는 점이 있습니다. 세종대로의 방향과 경복궁의 중심 방향이 같을 것 같지만 자세히 보면 살짝 어긋났습니다. 경복궁을 만들 때부터 그랬던 걸로 보입니다. 경복궁의 중심 방향을 한양의 남쪽에 있는 관악산 방향으로 잡았지만, 길의 방향을 살짝 틀어 좋지 않은 기운이 곧바로 들어오는 걸 막으려 했다는 의견이 흥미롭습니다. 그렇다면 황토현에 이어 제2의 안

전장치를 마련한 셈입니다.

광화문광장에서 존재감이 가장 강한 건물은 세종문화회관입니다. 세종문화회관은 1970년대 남북 경쟁의 산물입니다. 조선시대에는 이 자리에 형조와 공조가 있었고, 1961년에는 서울시민회관이 들어섰습니다. 서울시민회관은 공연하고 회의하고 영화 보는 복합 공간이었습니다. 그러다가 1972년 말 텔레비전 생방송 도중 큰불이 나 대부분 불탔습니다. 시민회관을 새로 지어야 했습니다.

1972년은 한국 현대사의 격변기였습니다. 7·4남북공동성명이 발표되는 등 남북 사이에 제한적이나마 교류하는 동시에 경쟁했습니다. 당시 북한에는 한옥을 모델로 시멘트로 지은 규모가 큰 평양대극장이 있었습니다. 박정희 대통령은 북한을 의식해서인지 새로 짓는 시민회관은 5,000석 규모가 되어야 하고, 연회장이 있어야 하며, 한옥 양식이길 바랐습니다. 그의 요구가 모두 반영되지는 않았지만 압도적인 규모의 시멘트 건물이 탄생했고, 이름은 서울시민회관이 아니라 세종문화회관이 되었습니다. 조선을 상징하는 두 인물인 이순신 장군과 세종이 이 일대에 함께 들어선 겁니다.

≋ 1881~1882년, 옛사람들이 육조거리를 걷고 있다. ⓒ국외소장문화유산재단.

≋ 2024년, 현대인들이 광화문광장을 걷고 있다.

세종문화회관을 지나면서 잠시 조선으로 들어가 봅시다. 이때 이 흑백사진이 필요합니다. 사진을 보면 조선 사람들도 여러분처럼 육조거리를 오가고 있습니다. 원래 자리에 있던 귀여운 해치도 보입니다. 어린이나 갓 쓴 어른이나 카메라를 보자 궁금해서인지 카메라를 쳐다봅니다. 멀리 광화문이 보입니다. 가운데 문은 굳게 닫혔고 좌우의 문은 열렸습니다. 열린 문으로 궁궐 안이 슬쩍 보입니다. 이 사진은 1881~1882년에 촬영된 것으로 보이는데, 1882년에 신식 군대에 비해 차별 대우를 받던 구식 군대가 난을 일으킨 임오군란이 일어났습니다. 사진 속 군복이 신식 군대의 복장입니다.

그런데 여러분이 발 딛고 있는 광화문광장은 사진 속 조선 사람들이 발 딛고 있던 곳이 아닙니다. 그걸 한눈에 보여주는 곳이 있습니다. 세종문화회관과 정부서울청사 사이에 세종로공원이 있는데, 그 앞에 옛날 흔적이 전시되어 있습니다. 이 자리에 관리들을 단속하는 관청인 사헌부가 있었습니다. 깊이가 지금보다 어른 키 하나 반쯤은 낮아 보입니다. 사진 속 사람들은 지금보다 훨씬 낮은 곳을 걸었다는 사실을 알 수 있습니다.

땅의 높이만 달라진 게 아닙니다. 사진에 보이는 것처럼 육조거리에 관청 건물들이 좌우로 길게 늘어섰습니다. 지금 이 자리에는 어마어마하게 높고 큰 빌딩들이 빼곡하게 서 있죠. 이제 상상력이 필요한 시간입니다. 사진을 보며 눈에서 빌딩을 지우고 그 자리를 한옥으로 채워 봅시다. 잠시지만 광화문광장의 소음이 사라지면서 조선을 살짝 맛볼 수 있을 겁니다.

광화문광장을 걷는다는 건 현재에서 과거로 타임 슬립하기입니다.

하늘에서
경복궁
읽기

대한민국역사박물관 옥상정원

사헌부 터를 지나면 어느새 광화문이 성큼 다가옵니다. 빨리 광화문으로 가고 싶은 마음을 잠시 접어 두고 대한민국역사박물관으로 갑시다. 박물관 8층 옥상정원으로 나가는 순간 여러분의 눈이 활짝 열릴 겁니다.

이곳에서는 경복궁의 규모와 구조가 한눈에 보입니다. 경복궁을 관람하는 사람들이 개미처럼 작은 걸 보면 경복궁이 얼마나 큰지 어림짐작할 수 있습니다. 광화문부터 멀리 청와대까지 모두 경복궁 영역입니다. 조선의 대표 궁궐답게 규모가 어마어마합니다.

우선 경복궁의 전체적인 구조를 살펴보겠습니다. 막상 경복궁에 들어가면 전체적인 규모나 구조를 헤아리기 어렵습니다. 광화문과 그 뒤에 놓인 흥례문, 근정문, 근정전을 찾은 뒤 그 중심을 따라 가상의 선을 그으면 엄격한 좌우 대칭이 만들어지는데, 이게 다른 궁궐과 구별되는 경복궁의 특징입니다. 좌우 대칭은 엄숙하고 권위적인 분위기를 만듭니다. 근정전은 국가 의례가 이뤄지는 핵심 건물로, 무엇보다 권위가 중요합니다. 엄격한 좌우 대칭은 근정전 뒤의 사정전, 강녕전, 교태전까지 이어집니다.

경복궁 왼쪽 끝에 국립고궁박물관이 보입니다. 조선시대에는 이 일대에 여러 관청이 있었습니다. 이 관청을 통틀어 궁궐 안에 있는 관청이라는 뜻에서 '궐내각사'라고 불렀습니다. 이곳을 가득 채운 건물들은 일제강점기에 모두 헐리고 달랑 한 채만 남았습니다. 육조거리뿐 아니라 이곳에도 나랏일 하는 관청들이 있었다는 사실을 기억하면 좋겠습니다.

경복궁 좌우로 마을이 보입니다. 오른쪽이 한옥이 많은 곳으로 유명한 북촌입니다. 이 한옥들은 조선시대부터 있던 건 아니고 주로 일제강점기에 지어졌습니다. 한옥이 이루는 풍경이 독특하고 아름다워 한국을 대표하는 명소가 되었습니다. 경복궁 왼쪽 마을은 서촌입니다. 서촌에는 한옥보다 빌라가 많이 들어섰는데, 옛날에는 조선을 쥐락펴락하던 가문들이 자리 잡고 살았습니다.

옥상정원에서 보면 경복궁이 왜 이곳에 자리 잡았는지 쉽게 짐작할 수 있습니다. 삼각형으로 솟은 북악산을 중심으로 두 팔을 벌린 듯 산세가 왼쪽은 인왕산, 오른쪽은 창덕궁 뒷산으로 이어집니다. 산이 만든 넉넉한 품 안에, 북악산의 기운이 모이는 곳에 경복궁이 자리 잡은 겁니다. 계속해서 산세를 보면 남쪽은 남산, 동쪽은 대학로 뒷산인 낙산으로 이어집니다. 이 네 개 산을 연결해 쌓은 성이 한양도성입니다. 이 정도면 이성계가 아닌 누구라도 이곳을 궁궐 자리로 점찍었을 겁니다.

"이미 술에 취하고 덕에 배불렀나이다. 군자는 만 년 동안 큰 복을 받으시리라." 《시경》에 나오는 시로 큰 복을 뜻하는 말이 경복(景福)입니다. 이성계의 핵심 참모 정도전은 이 시에서 궁궐 이름을 따왔습니다. 한마디로 '왕이 나라를 잘 다스려 살맛 나는 세상'을 기원했습니다.

경복궁은 조선 건국 3년 뒤인 1395년에 완성되었습니다. 조선의 중심 궁궐이었던 경복궁은 임진왜란이 일어난 1592년에 불탄 뒤 오랫동안 폐허로 남았습니다. 고종이 즉위한 뒤 고종의 아버지 흥선대원군은 떨어질 대로 떨어진 왕실의 권위를 세우기 위해 특별한 조처를 내립니다. 폐허가 된 경복궁 중건 프로젝트! 우여곡절 끝에 1868년 경복궁은 다시 모습을 드러냈습니다.

그러나 경복이란 이름과 달리 이 시대는 살기 좋은 세상을 허락하지 않았습니다. 왕비가 비극적인 죽음을 맞은 을미사변이 일어났고, 그 뒤 고종은 어렵게 경복궁에서 탈출해 다시는 돌아오지 않았습니다. 일제강점기에는 경복궁의 건물 대부분이 사라지고 1926년 완공된 식민 지배의 총본부인 조선총독부 건물이 경복궁을 답답하게 가로막았습니다. 조선총독부에 관해서는 2부 3장에서 더 자세히 이야기하겠습니다. 한참 시간이 흐른 1990년대부터 시작된 복원 사업은 2045년까지 계속될 예정입니다.

이제 대한민국역사박물관을 떠나 다시 광화문광장으로 갑시다.

2

영역

광화문에서 영제교까지

왕을 빼고

모두

탈것에서 내려라

월대와 해치

광화문광장에서 광화문으로 가려면 건널목을 건너야 하는데, 이곳에서 놓치지 말아야 할 게 있습니다. 광화문의 중심을 찾아 응시하기! 그러면 광화문을 지나 흥례문, 근정문을 통과해 왕이 자리하던 근정전까지 곧고 길게 뻗은 길을 볼 수 있습니다. 다른 궁궐에서는 보기 힘든 경복궁만의 매력입니다.

광화문 앞 도로는 직선이 아닌 'U' 자로 휘었습니다. 광화문 앞 월대를 복원하면서 도로의 구조를 바꿨기 때문이죠. 월대가 교통보다 더 중요하다는 겁니다. 월대는 주위보다 높게 광화문 앞으로 쭉 뻗어 있는 대입니다. 궁궐을 드나드는 길이고 행사가 열리는 공간이었으며, 왕은 백성들의 소리를 듣고 백성들은 왕에게 요구 사항을 외치는 현장이었습니다.

그러나 일제강점기에 접어들어 월대는 제 모습을 유지하

기 어려웠습니다. 경복궁에 조선총독부 건물을 짓기 시작하면서 월대의 운명은 결정된 거나 다름없었습니다. 1923년 부업을 장려해 농촌 경제를 회복시킨다는 명분으로 경복궁에서 열린 조선부업품공진회를 맞아 월대 앞으로 전차가 지나가고, 그 뒤 광화문 앞길이 넓어지면서 월대는 자취를 감췄습니다. 월대가 없는 광화문은 무언가 허전했습니다.

2023년 10월 월대가 복원되었습니다. 복원하기 전 2022년부터 2023년까지 월대가 있던 자리를 발굴해 월대의 전체적인 규모와 구조를 파악했습니다. 사라진 줄 알았던 월대의 일부 부재를 구리에 있는 동구릉에서 찾아 복원에 사용했습니다. 그래서 현재 복원한 월대에는 새 부재와 옛 부재가 섞여 있습니다. 월대는 경복궁을 궁궐답게 만들었습니다. 이전에는 아무 준비 없이 급하게 경복궁으로 들어가는 기분이었다면, 지금은 월대를 걸으며 경복궁으로 기분 좋게 스며듭니다.

월대 좌우로 덩치 큰 동물이 놓여 있습니다. 두 동물은 광화문광장을 뚫어지게 쳐다보고 있습니다. 눈을 동그랗게 뜬 모습이 귀여운 이 동물을 해태 혹은 해치라고 부릅니다.

덩치 크고 귀여운 이 동물은 어떤 역할을 할까요? 해치는 크게 두 가지 역할을 맡았습니다. 먼저 사람의 옳고 그름을 판단합니다. "열 길 물속은 알아도 한 길 사람 속은 모른다" 라는 속담처럼 사람 속을 알기는 어렵습니다. 하지만 해치는 이 어려운 일을 뚝딱 해내 사람 속을 꿰뚫어 봅니다. 옳지 못한 마음을 먹거나 행동을 한 사람을 뿔로 박아 버립니다. 궁궐 앞에 놓을 동물로 제격입니다. 관리가 출근할 때마다 '내가 보고 있으니까 똑바로 해라'라고 주의를 보내는 듯합니다.

그런데 해치의 뿔을 두고 연구자들 사이에 의견이 엇갈립니다. 해치는 뿔이 상징인데, 이 해치에는 정확하게 보이지 않거든요. '뿔 없는 해치도 있다, 양의 뿔처럼 동그랗게 말린 무늬가 사실은 해치의 뿔이다, 살짝 조각된 부분이 뿔이다' 등 의견이 다양합니다. 뿔이 보이지 않아도, 이 동물은 해치라고 분명하게《조선왕조실록》에 기록되어 있습니다.

또 다른 역할은 일종의 '경계 표시'입니다. 해치 앞에서 왕을 빼고는 모두 탈것에서 내리라는 뜻입니다. 신하들이 왕을 존중하기를 바란 겁니다. 해치는 왕의 권위를 대변했습

≋ 제자리를 떠났던 해치는 돌고 돌아 이제는 월대 앞에서 사람들을 미소로 맞는다.

니다.

여기까지가 확실한 역할이라면 비공식적인 역할도 있습니다. 이 해치가 불기운을 막는다는 겁니다. 만들 당시 이런 뜻을 담았는지 확인하기 어렵지만, 어떻게 된 일인지 일제강점기의 〈동아일보〉나 〈조선일보〉를 보면 사람들은 그렇다고 믿었습니다.

원래 해치는 광화문 월대 앞이 아니라 지금보다 더 앞쪽에 있었습니다. 옛날에는 그곳에서 당당하게 사람들을 지켜봤습니다. 육조거리를 걷는 사람이라면 멀리서도 해치를 알아봤을 겁니다. 해치가 제자리에 있을 때 육조거리를 찍은 옛 사진에는 어김없이 해치가 보입니다. 사진을 찍는 외국인들에게 해치는 조선을 상징하는 마스코트처럼 보였을 겁니다.

해치가 제자리를 떠난 건 1923년입니다. 그해 경복궁에서 열릴 예정인 조선부업품공진회를 앞두고 유랑을 시작했습니다. 경복궁 한구석에 방치되었다가 조선총독부 앞으로 갔습니다. 그리고 1968년 중앙청 앞에 있던 해치는 광화문이 이전·복원되자 그 앞에 놓였습니다. 2006년 광화문이 정확한 복원을 위해 철거되면서 있던 자리를 떠났다가 광화문이 완성되자 그 앞으로 왔습니다. 그러다가 월대를 발굴하고 복원하는 작업이 진행되면서 다시 자리를 떠났다가 2023년 10월 지금의 자리로 돌아왔습니다. 1923년 자리를 떠난 뒤 100여 년 만에 원래 자리에 가장 가깝게 접근한 겁니다.

해치가 유랑의 시간을 보내는 사이에 오른쪽 해치의 앞발 하나가 부러지고 말았습니다. 해치는 고난의 세월을 웃음으로 풀어내고 있습니다.

광화문

57년 만에
찾은
황금빛 현판

광화문 바로 앞으로 왔습니다. 이곳은 경복궁의 첫 번째 핫스폿으로 늘 사람들로 북적거립니다. 광화문에는 모두 세 개의 문이 있습니다. 비슷해 보이지만 조금씩 다릅니다. 가운데 문이 가장 크고 양옆의 문은 그보다 작습니다. 문 위에 있는 용 조각을 놓치지 말아야 합니다. 가운데 문의 용은 정면을 향해 있고 양옆 문의 용은 가운데 문의 용을 향해 얼굴을 돌리고 있습니다. 옛날에는 신분에 따라 드나드는 문이 달랐습니다. 가운데 문은 왕, 오른쪽 문은 문반, 왼쪽 문은 무반이 다녔습니다.

이번에는 고개를 번쩍 들어 보겠습니다. 광화문 현판이 보입니다. 검은색 바탕에 금빛으로 "光化門"이라고 멋지게 썼습니다. 검은색 바탕에는 깊은 뜻이 담겨 있습니다. 검은색은 방향으로 따지면 북쪽을 뜻하며 북쪽은 물을 상징합니다. 그러니까 현판의 검은색은 불나지 말라는 간절한 바람을 담은 일종의 화재 방지 부적입니다.

검은색 바탕의 현판이 걸리기까지 제법 긴 시간이 필요했습니다. 일제강점기 조선총독부 건물을 경복궁에 세우면서 광화문이 그 앞을 가리게 되었습니다. 일제는 아예 광화문을 없애려다 여론에 밀려 경복궁 동쪽으로 옮깁니다. 그러다 그만 한국전쟁 때 폭격을 맞아 돌로 된 아랫부분만 겨우 살아남았습니다. 1968년에는 민족정기를 찾는다는 이유로 경복궁 앞으로 이전·복원되었습니다. 그런데 원래와 다른 곳에, 윗부분을 나무가 아니라 콘크리트로 복원했습니다. 게다가 하얀색 바탕에 한글로 쓴 현판을 걸었습니다. 시간이 지나면서 제대로 복원하자는 여론이 높아져 2006년 철거하고 2010년 8월 15일 복원을 마쳤습니다. 이때 하얀색 바탕에 검은색으로 "光化門"이라고 쓴 현판이 걸렸습니다.

그 뒤 광화문 현판에 대한 결정적인 책이 일본에서 발견되었습니다. 《경복궁영건일기》는 근정전의 현판처럼 검은색 바탕에 금빛 글자라고 광화문 현판을 기록하고 있습니다. 2023년 10월 월대를 복원하면서 현판도 바뀠습니다.

언제나 늠름해 보이는 광화문에 이런 복잡한 사연이 있었

광화문 현판은 복원 과정에서 두 차례 바뀌었고,《경복궁영건일기》가 발견되면서 검은색 바탕의 금빛 글씨로 교체되었다.

습니다. 광화문은 굴곡 많은 근현대사의 흔적을 온몸에 간직하고 있습니다.

광화문의 매력은 세 개 문을 지나면서 만나는 경복궁 풍경입니다. 우선 가운데 문에서는 광화문, 흥례문, 근정문, 근정전이 일직선으로 시원하게 보입니다. 가운데 문과 달리 양옆의 문은 마음대로 드나들 수 있으니까 천천히 걸으면 좋습니다. 문이 액자의 프레임 역할을 해서 걸을 때마다 달라지는 경복궁의 풍경을 맘껏 감상할 수 있습니다.

천장에서 멋진 동물이 여러분을 내려다보고 있습니다. 가운데 문의 천장에 봉황, 오른쪽 문의 천장에 용마(용과 말 사이에서 태어난 말), 왼쪽 문의 천장에 거북이 보입니다. 한동안, 이 동물들의 정체를 두고 의견이 분분했습니다. '가운데 동물은 살기 좋은 세상에 나온다는 봉황이다. 아니다, 남쪽을 상징하는 주작이다. 오른쪽 동물은 용마 혹은 기린(기린은 아프리카에 사는 목이 긴 기린이 아니라 상상의 동물로, 뿔이 달린 사슴 모양입니다. 뛰어난 왕이 나올 때 출현한다고 합니다)이다'라면서요. 그러다《경복궁영건일기》가 발견되면서 문제가 시원하게 풀렸습니다.

가운데 천장의 동물은 봉황이었습니다. 화려한 꼬리로 혼을 쏙 빼놓는 봉황은 지금은 청와대를 상징하는 동물로 널리 알려졌습니다. 오른쪽 천장의 동물은 용마로, 중국의 전설에서 유래했습니다. 전설에 따르면, 오랜 옛날 용마가 황하라는 강에서 나왔는데 몸에 점이 그림처럼 찍혔다고 합니다. 알고 보니 왼쪽 천장의 거북 역시 중국의 전설에 등장하는 거북이었습니다. 낙수라는 강에서 나왔는데 몸에 점이 글씨처럼 있었다고 합니다. 용마와 거북에 있던 점으로 세상을 움직이는 이치를 찾았다고 전해집니다. 전설 속 용마와 거북을 그린 여러 그림을 보면 상징처럼 점이 찍혔습니다. 그런데 지금은 광화문 천장의 용마나 거북에서 '세상의 이치를 알려 준다'는 그 점을 찾을 수 없습니다. 아마도 현대에 광화문을 복원하면서 이 동물들을 그린 이유를 다르게 이해하고 그렸을 가능성이 있습니다.

이렇게 광화문을 보다 보면 시간이 훌쩍 지나갑니다.

조선부터
김영삼 정부
까지

옛 조선총독부 청사

광화문을 지나면 신세계처럼 넓은 뜰이 펼쳐집니다. 이 뜰은 늘 사람들로 분주합니다. 사람들은 매표소로 몰려가 입장권을 사고 흥례문에 줄 서서 표를 확인하고 경복궁으로 들어갑니다. 이 뜰에서 수문장 교대 의식이 진행될 때면 순식간에 왁자지껄해지곤 합니다. 조선시대 군복을 입은 행사 요원들이 음악에 맞춰 행진하는 걸 보면서 잠시 조선으로 빠져듭니다.

이 넓은 뜰에는 어떤 역사가 잠들어 있을까요? 이 책 57쪽의 사진 속 육중한 서양풍 건물은 어딘지 익숙합니다. 일제강점기 식민 지배의 총본부인 조선총독부가 바로 이곳에 있었습니다. 흥례문과 좌우로 이어진 긴 행각을 모두 허물고 조선총독부 청사를 지었습니다. 그때가 1926년입니다. 그런데 지금 이곳에는 어떤 흔적도 보이지 않습니다.

1945년 우리나라가 일제로부터 해방되었습니다. 그때 38

도선을 경계로 남한에는 미군, 북한에는 소련군이 들어왔습니다. 미군은 조선 총독에게 항복문서를 받은 뒤 조선총독부 앞에 걸린 일장기를 내리고 성조기를 올렸습니다. 이 건물 역시 조선총독부에서 미군 군정청으로 바뀌었습니다. 미군은 38도선 이남에서 유일한 합법 정부는 군정청이라고 선언했습니다.

그 뒤 이 건물은 한국 현대사의 한복판에 자리 잡습니다. 1948년 국회의원을 선출하기 위한 5·10총선거가 시행되었습니다. 선출된 국회의원들이 일하던 곳이 바로 이 건물입니다. 국회의원들은 헌법을 제정해 공포하고 이승만을 대통령, 이시영을 부통령으로 뽑았습니다. 마침내 8월 15일 이곳에서 대한민국 정부 수립 축하식이 열립니다. 이 건물 앞으로 수많은 사람이 몰려들어 정부의 공식적인 출발을 함께 기뻐했습니다. 역사적인 그날, 사람들은 이곳에 모여 식민 지배를 딛고 새로운 나라를 꿈꾸었습니다.

그 뒤로도 이 건물에는 굵직한 역사가 계속되었습니다. 한국전쟁 당시 크게 손상되어 오랫동안 사용되지 않다 1962년 중앙정부가 있는 중앙청으로 다시 사용되었습니다.

≋ 식민 지배의 총본부 조선총독부 청사가 홍례문 일대에 위압적인 모습을 드러냈다. ⓒ부산광역시립박물관.

1982년 이곳에 있던 중앙 부처가 과천으로 이사하면서 정부 청사로서의 기능이 끝나고 1986년 서울아시안게임을 앞두고 박물관으로 바뀌었습니다. 일제강점기 치욕스러운 역사도 기억해야 한다며 경복궁 구석진 곳에 있던 국립중앙박물관을 사람들이 오기 쉬운 이 건물로 옮긴 겁니다. 이런 명분을 내세워 이전을 지시한 사람이 전두환입니다.

이 건물은 박물관이 되었지만, 일제 식민 지배의 상징이라는 꼬리표에서 벗어날 수 없었습니다. 조선의 정궁인 경복궁에, 한국의 상징적인 거리 한복판에 으리으리하게 버티고 있었으니까요. 그래서 김영삼 대통령은 이 건물을 철거해야 한다고 목소리를 높였습니다. 이 발언을 시작으로 '민족정기를 훼손하는 치욕스러운 역사이므로 없애야 한다, 치욕스러운 역사도 역사의 한 부분이고 이곳의 현대사 역시 중요하므로 남겨야 한다, 없애지 말고 다른 곳으로 옮기자'라는 의견들이 나왔습니다. 논쟁 끝에 김영삼 대통령은 광복 50주년을 맞아 민족정기 회복을 내세워 1995년 8월 15일 철거를 시작했습니다. 이듬해 이 건물은 완전히 자취를 감추었고, 그 뒤 여러분이 보고 있는 궁궐 건물들이 복원되었습니다. 육중한 조선총독부 청사가 있을 때는 숨통이 턱 막히는 것 같았는데 지금은 시원합니다.

철거 뒤 가슴 아픈 역사, 특히 일제의 식민 지배를 상징하는 유산을 어떻게 처리할 것인가를 두고 고민과 논의가 계속되었습니다. 지금은 어두운 역사도 중요한 역사이므로 보존하고 연구하고 활용하고 기억해야 한다는 의견이 많습니다. 이런 점에서 보면 조선총독부 건물은 엄청난 자산이었습니다. 만약 지금 이 건물의 철거를 둘러싼 논쟁이 일어난다면 조선총독부 건물은 어떤 운명을 맞을까요?

보이지 않는
동물
찾기

영제교

뜰을 가로질러 홍례문 앞까지 왔습니다. 홍례문에 정성스럽게 다듬은 계단이 보입니다. 광화문 천장에서 본 봉황이 이번에는 계단에 나타났습니다. 살기 좋은 세상이 실현되기를 바라는 마음입니다.

홍례문을 지나면 완만하게 솟은 영제교라는 다리가 나옵니다. 이 다리에서는 왕이 된 듯 천천히 걷길 권합니다. 뒷짐을 지고 걸어도 좋습니다. 천천히 걸으면 눈에 들어오는 게 많아집니다.

영제교에서 '영제(永濟)'는 물길을 건넌다는 뜻입니다. 그러므로 이 다리를 건너면 진짜 왕의 영역으로 들어가는 셈입니다. 신성한 영역으로 가니까 다리를 건너며 좋지 않은 마음을 씻어 내라는 뜻도 담겼습니다.

영제교에서 여러 동물이 여러분을 열렬히 맞이합니다. 우선 다리 양쪽 기둥에 있는 용은 누구에게도 뺏기지 않겠다는 의지로 똘똘 뭉친 듯 여의주를 힘차게 움켜쥐었습니다. 용과 눈을 맞춘 뒤 다리 중간쯤에서 난간 쪽으로 가 보겠습니다. 선조들은 물길로 온갖 귀신들이 드나들 수 있다고 믿었습니다. 말하자면 물길은 사람이 보지 못하는 귀신이 드나드는 비밀 통로인 셈입니다. 그래서 힘세고 책임감 투철한 동물이 자나 깨나 물길을 지키고 있습니다. 이 동물을 흔히 천록이라고 부르지만 정확한 이름인지는 알 수 없습니다.

갑옷처럼 튼튼한 껍질, 한 방이면 상대방이 날아갈 듯한 발, 부리부리한 눈, 유연한 몸, 언제라도 출동할 듯 물을 노려보는 자세. 싸움에 필요한 모든 걸 갖췄습니다. 네 마리 가운데 특히 두 마리가 눈길을 끕니다. 서쪽 개울의 북쪽 동물은 메롱 하듯 혀를 내밀어 '메롱해치'라는 별명이 붙었습니다. 동쪽 개울 남쪽에 있는 동물은 등에 뚜껑이 달렸습니다. 영제교를 지키던 이 동물은 한때 중국 사신이 머물던 남별궁으로 갔습니다. 하루는 청나라 사신이 이 동물을 보더니 이렇게 말했다고 합니다.

"매우 영험하고 괴이하니 그 등을 파고 흙으로 채워라."

왜 등을 파라고 했는지 알 길 없지만 이 동물은 이렇게 등

≈ '메롱해치'는 혀를 쏙 내민 채 물길로 들어오는 귀신을 물샐틈없이 지킨다.

이 파였습니다. 그 뒤 경복궁이 중건되면서 영제교로 복귀했습니다.

영제교의 맛을 알려면 비 오는 날 와야 합니다. 개울에 물이 있을 때 다리의 느낌이 상당히 다릅니다. 개울에 물이 고이면 네 마리 동물이 제철을 만난 듯 활약합니다. 그러나 이것도 잠시, 경복궁관리소에서 개울에 고인 물을 퍼냅니다. 어쩌면 이 동물들은 개울물이 콸콸 자연스럽게 흐르는 날을 손꼽아 기다리는지 모르겠습니다. 이 개울은 막혀서 물이 흐르지 않습니다.

3

영역

근저영전과 사저영전

최상의
위치를
찾아라

근정전

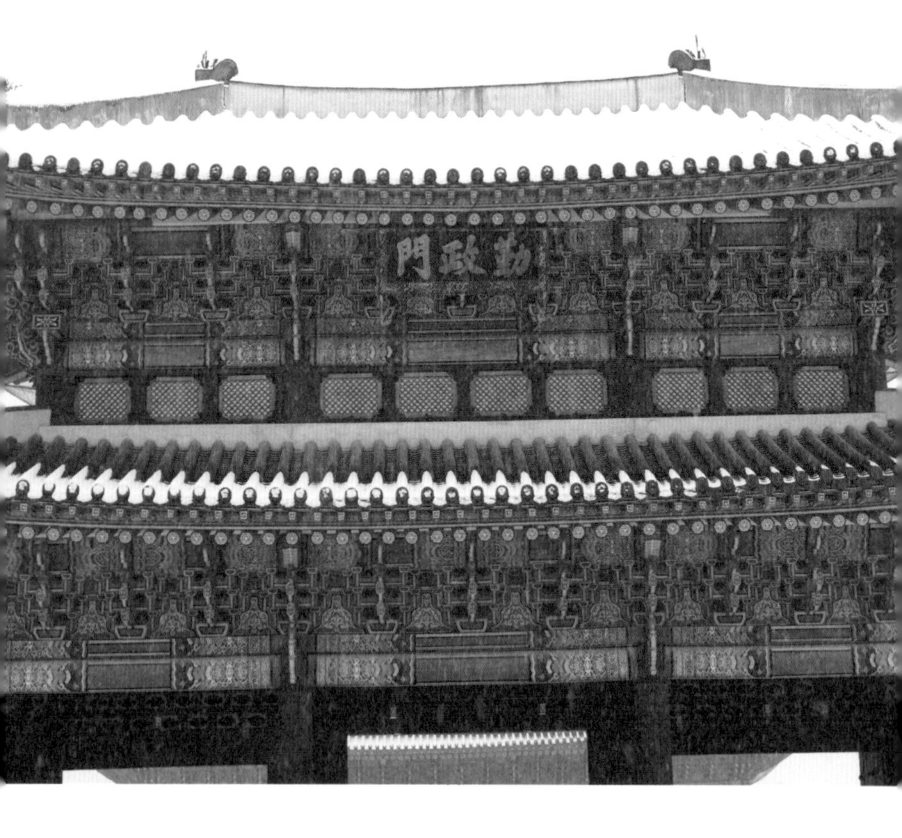

근정전은 중요한 국가 의례가 이뤄지는 곳으로 경복궁의 핵심입니다. 그래서인지 출입문부터 남다릅니다. 근정전 마당으로 들어가는 근정문 좌우로 또 문이 달렸습니다. 오른쪽은 일화문, 왼쪽은 월화문으로, 일화문으로는 문신, 월화문으로는 무신이 출입합니다.

근정문을 지나면 드넓은 근정전 마당과 근정전이 나옵니다. 위엄이 서린 공간입니다. 가운데로 쭉 뻗은 길, 길 좌우로 줄지어 선 품계석, 넓은 마당을 빼곡하게 덮은 박석, 근정전 마당을 두른 장대한 행각이 있고, 그 중심에 근정전이 우뚝 솟았습니다. 크고 높은 월대에 세운 근정전은 웅장한 이층집으로, 왕의 권위를 잘 보여 줍니다.

근정전과 마당을 입체적으로 보는 방법은 무엇일까요? 보통은 근정문 가운데서 보는데, 그 밖에도 방법은 여러 가지입니다. 사람들은 대부분 근정문을 지나면 좌우로 가지 않고 근정전 앞으로 쭉 걸어갑니다. 그러나 경복궁을 좀 아는 사람들은 먼저 동남쪽, 그러니까 오른쪽 모서리로 갑니다. 사진을 좀 찍을 줄 안다는 사람들, 답사를 안내하는 해설자도 대부분 그쪽으로 갑니다. 그곳에서 근정전을 중심으로 인왕산과 북악산이 늘어선 모습이 아름답고 실감 나게 보이기 때문입니다.

반대로 서남쪽 모서리에서는 어떤 풍경이 보일까요? 그곳에서는 산 대신 넓은 하늘이 펼쳐지며 다른 느낌의 근정전이 보입니다. 그쪽의 박석은 동남쪽의 박석과 달리 울퉁불퉁하고 거칩니다. 그래서 시선을 낮춰 근정전을 보면 마치 근정전이 거친 역사를 뚫고 힘껏 솟아난 것처럼 다가옵니다.

마지막은 근정문에서 시작해 육상 선수가 트랙을 돌듯 행각을 따라 왼쪽이나 오른쪽으로 한 바퀴 도는 방법입니다. 천천히

근정전을 중심으로 북악산과 인왕산이 자연스럽고 아름답게 이어진다.

걸으면 어른 걸음으로 10분 정도 걸립니다. 위치에 따라 변하는 근정전을 본다면 그 시간이 전혀 아깝지 않을 겁니다.

마당을
주목하라

근정전 마당

근정전 마당은 평평해 보입니다. 그런데 근정전 마당을 두른 좌우의 행각을 보면 계단처럼 층이 졌다는 걸 알 수 있습니다. 이건 마당이 평평하지 않고 기울어졌다는 뜻입니다. 물이 잘 빠지도록 화장실 바닥을 배수구 방향으로 경사지게 만든 것처럼 근정전 마당도 빗물이 잘 빠지도록 비스듬하게 만들었습니다. 근정전 마당에 내린 비는 동남쪽과 서남쪽 모서리로 흘러갑니다.

근정전 마당은 온통 돌로 덮여 있습니다. 겉보기에 별것 아닌 것 같아도 박석이라고 부르는 이 돌은 매력덩어리입니다. 퍼즐을 맞추듯 박석의 면과 면을 자연스럽게 잇대어 마당을 만들었습니다. 네모반듯하게 딱딱 잘라내 맞추지 않고 원래 모습을 자연스럽게 활용해서 더욱 아름답습니다. 만약 마당을 반듯반듯한 돌로 깔았다면 답답하고 싫증 났을 겁니다.

이 박석은 강화도 서쪽에 있는 석모도에서 가져왔습니다. 섬이라서 박석을 배에 실어 물길을 따라 한양까지 옮기기 수월했을 겁니다. 경복궁과 가까운 북한산 곳곳에 화강암이 널렸는데 왜 이걸 쓰지 않았을까요? 강화도의 박석은 '얇은 돌'이라는 이름처럼 얇고 넓습니다. 층층이 겹쳐 있어 떼어 내기 좋고 보통 돌보다 얇아 가공하기 편합니다. 커다란 화강암을 떼어 내 가공하는 것보다 품이 훨씬 덜 들기 때문에 강화도의 박석을 사용했습니다.

박석의 장점은 이것만이 아니었습니다. 만약 행사를 치르는데 먼지가 풀풀 날린다면 곤란할 겁니다. 박석을 깔면 바람 부는 날이라도 먼지 때문에 애먹을 일은 없습니다. 또 박석은 표면이 울퉁불퉁해서 조심스럽게 걷게 되며 덜 미끄러집니다. 그리고 돌 표면이 울퉁불퉁하면 빛의 반사가 덜 합니다. 빛의 반사가 심하면 눈을 찡그릴 수밖에 없죠. 겉보기에 마당에 깔 돌로 대충 박석을 고른 것 같지만, 사실은 여러 가지를 세심하게 고려했습니다.

박석은 빛에 예민합니다. 수더분한 돌이라 그럴 것 같지 않지만, 어떤 빛을 받느냐에 따라 느낌이 사뭇 달라집니다.

특히 햇살이 길게 늘어지는 저녁이 되면 박석이 살아납니다. 붉고 따뜻한 빛을 받은 박석은 낮 동안 감춰 둔 울퉁불퉁한 질감을 드러내며 긴 낮잠에서 깨어나 기지개를 켭니다. 그리고 사계절 가운데 봄을 맞이한 박석에는 생기가 돕니다. 박석 틈에 핀 꽃을 보고 있으면 박석이 생명을 키워 내는 것 같습니다.

눈이나 비가 온다고 근정전을 보기에 좋지 않은 건 아닙니다. 비가 내리는 날, 근정전에서 박석 위로 빗물이 흐르는 장관을 볼 수 있습니다. 거센 폭우가 내리면 계곡물처럼 콸콸 흐릅니다. 지붕 끝에서 주르륵 낙숫물 떨어지는 소리를 듣고 있으면 '물멍'이 따로 없습니다.

눈이 오는 날도 매력 있습니다. 하늘 가득 춤추듯 내리는 눈이 근정전과 마당을 하얗게 물들입니다. 박석 위로 눈이 쌓이면 박석이 엠보싱처럼, 마시멜로처럼 손가락으로 꾹 누르면 쏙 들어갔다가 다시 올라올 것 같습니다.

비 오는 날이나 눈 오는 날에 가야 할 곳을 꼽으라면 단연 경복궁입니다.

≋ 퍼즐을 맞추듯 자연스럽게 면과 면을 잇대어 거슬림이 없다.

동물의

배치 원리

알기

근정전 월대의 동물들

근정전은 넓은 월대가 받치고 있습니다. 월대가 얼마나 큰지 넓은 마당과 월대를 한 바퀴 두른 길까지 만들었습니다. 그리고 근정전의 위상에 걸맞게 월대 곳곳을 동물로 장식했습니다. 동물이 너무 많아 복잡해 보이지만, 배치 원리를 알고 나면 그 앞에 서서 그 동물이 무엇인지 알아맞힐 수 있습니다.

이제 그 세계로 들어가 보겠습니다. 예전에는 월대의 동물들을 십이지신과 사신, 이렇게 두 가지로 해석했습니다. 십이지신은 열두 띠와 관련이 깊으며 시간을 상징합니다. 사신은 동서남북, 곧 방위를 상징하는 네 가지 신을 뜻합니다. 문제는 사신의 배치는 딱 들어맞는데 십이지신은 그렇지 않다는 겁니다. 해당 동물들과 닮지 않은 동물이 더러 있을 뿐 아니라 개와 돼지처럼 아예 빠진 것도 있습니다. 궁리 끝에 개와 돼지는 어감이 좋지 않아 뺐다고 해석하기도 했습니다.

그런데《경복궁영건일기》가 발견되면서 속 시원하게 의문점이 풀렸습니다. 이 책은 경복궁을 중건할 당시 쓴 경복궁 공사 일지로, 경복궁 월대의 동물들이 어떤 뜻을 지녔고 어떻게 배치되었는지를 밝히고 있습니다. 이미 알려진 십이지신과 사신뿐 아니라 다른 성격의 동물들이 월대를 둘러쌌다는 사실이 새로 알려졌습니다. 이 동물들은 이십팔수(적도 주변에 있는 28개의 밝은 별자리)로, 밤하늘의 대표적인 별자리입니다. 그러니까 월대는 방위, 시간, 밤하늘, 이 세 가지 상징이 만든 작은 우주입니다.

먼저 찾기 쉬운 사신부터 알아볼까요? 월대 동쪽 계단 가장 위에 동쪽을 상징하는 청룡, 서쪽 계단에 백호, 남쪽 계단에 주작, 북쪽 계단에 현무를 배치했습니다. 사신 가운데 주작은 닭과 비슷해 보이지만 닭보다 늠름하고 우아합니다. 청룡은 용, 백호는 호랑이, 현무는 거북이란 걸 금방 알아챌 수 있습니다. 이 동물들을 조각한 솜씨가 뛰어납니다.

사신 아래쪽 계단에는 십이지신을 놓았습니다. 동쪽에 토끼, 서쪽에 닭, 남쪽에 말, 북쪽에 쥐가 보입니다. 이 동물들은 하루 가운데 정오처럼 특히 중요한 시간을 상징하는 동물로, 십이지신의 대표로 선발되었습니다. 알고 보니 개와 돼지는 어감이 좋지 않아 빠진 게 아니었습니다.

다음은 이십팔수 차례입니다. 이전에는 십이지신으로 해석했던 동물들입니다. 동쪽에는 동쪽의 일곱 별자리 가운데 교와 낙이 등장합니다. 교는 용의 일종이고 낙은 낙타를 말합니다. 낙은 실제 낙타와는 다르지만, 등 두 군데가 약간 튀어나온 걸로 봐서 쌍봉낙타를 표현하지 않았을까 짐작합니다. 남쪽에는 남쪽 별자리 가운데 하나인 안을 배치했습니다. 안은 겉보기에 꼭 귀여운 호랑이 탈을 쓴 것 같습니다. 그래서인지 "어흥" 하고 포효하는 소리보다 "야옹" 하는 고양이 울음소리를 낼 것 같습니다. 안이라는 동물의 실체는 아직 정확히 알려지지 않았습니다.

서쪽에서는 랑과 원숭이를 만날 수 있습니다. 랑은 이리를 뜻하고, 원숭이는 십이지가 아니라 별자리를 상징하는 원숭이입니다. 월대에 있는 동물들 가운데 이 원숭이를 조각한 솜씨가 가장 탁월합니다. 얼굴은 능청스럽고, 단순하게 조각한 등줄기에는 팽팽한 긴장감이 흐릅니다. 원숭이는

≈ 원숭이 얼굴은 능청스럽고 등에는 팽팽한 긴장감이 흐른다.

젊은 원숭이와 나이 든 원숭이로 구분되는데 직접 보면 단박에 그 차이를 알 수 있습니다. 북쪽에는 별자리 동물을 배치하지 않았습니다.

월대에 사신, 십이지신, 이십팔수만 있는 건 아닙니다. 눈여겨봐야 할 동물이 또 있습니다. 동남쪽 모서리와 서남쪽 모서리에 있는 독특한 동물들입니다. 한 마리는 앞을 보고 있고, 다른 한 마리는 뒤쪽에서 누가 부르는 소리를 들은 것처럼 고개를 돌렸습니다. 이들은 근정전으로 다가오는 나쁜 무리를 물샐틈없이 감시하는 것 같습니다. 그리고 또 하나 놓치지 말아야 할 건 어미의 몸에 착 달라붙은 새끼입니다. 어미 품에서 떨어지지 않으려는 듯 네 발로 어미를 움켜쥐고 있습니다. 동물 가족을 보고 있으면 마음이 따뜻해집니다. 《경복궁영건일기》에서는 이 동물을 '쌍법수(雙法獸)'라고 불렀습니다.

근정전 월대에는 시간과 공간이 담겼고, 그 중심에 왕이 있습니다. 이제 왕을 만나러 갑시다.

왕의
얼굴로
뒤돌아보라

근정전 내부

"아침에는 나랏일을 듣고, 낮에는 어진 이를 찾아보고, 저녁에는 법령을 닦고, 밤에는 몸을 편안하게 한다 (《태조실록》 8권, 태조 4년 10월 7일)."

조선의 개국 공신 정도전이 이 건물을 근정전으로 이름 지은 이유입니다. 그는 왕은 부지런히 현명한 신하를 찾아 그들과 함께 정치해야 한다고 강조했습니다.

근정전은 왕과 국가의 권위를 과시하는 곳입니다. 그래서 경복궁의 어느 건물보다 웅장하고 화려합니다. 현재 근정전은 안으로 들어갈 수 없어서 문밖에서 안을 살펴봐야 합니다. 다행스럽게도 근정전의 정면과 측면의 문이 늘 열려 있어 여러 방향에서 볼 수 있습니다. 먼저 근정전의 앞문으로 가겠습니다.

이곳에서는 내부가 훤하게 보입니다. 바닥에 검은색 전돌을 깔고 여러 가지 물건을 놓았습니다. 그중 가장 눈에 띄는 건 왕이 앉는 자리입니다. 앞에 있는 계단을 올라가면 왕이 앉는 자리인 어좌가 나옵니다. 어좌 뒤에 〈일월오봉도(日月五峰圖)〉라는 병풍이 있습니다. 〈일월오봉도〉는 해와 달, 그리고 산봉우리가 다섯 개인 그림이라는 뜻입니다.

어떤 그림이길래 어좌 바로 뒤에 놓았을까요? 병풍 오른쪽 위에 붉은 해, 왼쪽 위에 하얀 달을 그렸습니다. 그 아래로 다섯 개 봉우리를 펼쳤습니다. 가운데 산을 중심으로 좌우 대칭을 이루는데 언제라도 굳건히 그렇게 있을 것만 같습니다. 산 아래쪽으로 파도가 치고 좌우로 붉은색 소나무가 대칭을 이뤘습니다. 왕의 권위를 담은 그림답게 엄격하고 진지해 숨이 턱 막힙니다. 〈일월오봉도〉는 왕을 상징하는 그림으로, 왕이 있는 곳에 어김없이 함께합니다.

1887년은 조대비, 곧 신정왕후가 80세가 되는 해였습니다. 신정왕후는 당시 왕인 고종의 법적인 어머니입니다. 고종은 조대비의 팔순을 맞아 경복궁에서 성대한 생일 잔치를 열었습니다. 다행히 근정전에서 열린 행사 장면이 그림으로 전해지는데, 그림 속에 어좌와 〈일월오봉도〉가 보입니다. 어좌 주위를 호위 무사들이 둘러싸고 어좌 앞으로 신하

≋ 근정전 앞에서 뒤로 돌면 조금 전 걸어온 길이 아스라이 다가온다.

들이 엎드렸습니다. 그런데 정작 고종은 아무리 찾아도 보이지 않습니다. 고종뿐 아닙니다. 그림 오른쪽에 방석이 보이는데, 세자가 앉는 자리입니다. 세자 역시 고종처럼 사라졌습니다. 당시 고종과 세자는 근정전에 있었지만 지엄한 존재라서 그리지 않았습니다. 〈일월오봉도〉가 왕의 존재를 대신하고 있는 겁니다.

다시 근정전 내부를 보겠습니다. 근정전 어좌 앞에 지금의 책상에 해당하는 서안이 있습니다. 사관은 서안 앞에 앉아 왕이 하는 말과 행동을 놓치지 않고 기록했습니다. 물론 왕은 이 기록을 볼 수 없었습니다. 왕이 세상을 떠나면 기록을 모으고 정리해 책으로 만들었는데, 이 책이 《조선왕조실록》입니다.

내부를 본 뒤 뒤로 돌아 근정전 마당과 근정문을 내려다보겠습니다. 우리는 어좌에 앉을 수 없어서 왕의 시선으로 볼 수 없으니까 아쉬운 대로 왕의 시선을 짐작해 보는 겁니다. 조금 전 광화문광장에서 보았던, 경복궁을 관통하는 시각적 종점이 바로 이곳입니다. 이곳에 서면 모든 사람이 여러분을 우러러보는 기분이 들 겁니다. 경복궁이 엄격한 좌우 대칭과 높이로 위계와 권위를 만드는 곳임을 다시 확인할 수 있습니다.

이번에는 근정전 왼쪽이나 오른쪽 측면으로 가겠습니다. 새로운 근정전을 보는 기분이 들 겁니다. 정면에서 봤을 때는 보이지 않던 게 보입니다. 고개를 들어 천장을 보면 발톱이 일곱 개인 용 두 마리가 금빛을 번쩍거리며 아득히 높은 곳에서 날아다닙니다. 마치 높고 높은 하늘 세상에서 인간 세상을 보호하는 것 같습니다.

근정전 내부를 보는 건 거의 끝나갑니다. 마지막으로 뒤로 돌아가 보겠습니다. 뒤쪽에 열린 문이 없는데 어떻게 내부를 볼 수 있을까요? 어디에나 틈은 있는 법입니다. 내부를 엿볼 수 있는 문틈들이 있습니다. 그 틈으로 보면 〈일월오봉도〉의 뒷면이 보입니다. 뜻밖에도 〈일월오봉도〉에 문이 달렸고 아래쪽으로 계단이 보입니다. 그래서 어떤 사람들은 행사 때 왕이 이 문을 열고 〈일월오봉도〉에서 나왔다고 주장합니다. 그림에서 문으로 나오는 왕이라니, 만약 그랬다면 극적이지 않았을까요?

세종대왕의
흔적을
찾아서

사정전

근정전을 보고 나면 갈림길에 섭니다. 근정전 뒤로 가면 사정전이 나오고 서쪽으로 가면 경회루가 나옵니다. 보통 경회루 쪽으로 가는 사람들이 더 많지만, 우리는 사정전으로 갑시다. 근정전이 중요한 의례를 행하는 공간이라면 사정전은 왕이 일상적으로 일하는 공간입니다. 사정전에서 '사정(思政)'은 생각하며 정치하라는 말로, 늘 깊이 생각하고 현명하게 행동하라는 뜻입니다.

먼저 사정전 내부를 보겠습니다. 근정전처럼 〈일월오봉도〉가 보입니다. 바닥은 마루입니다. 여름에는 문제가 없지만 날씨가 추운 계절에는 어디에서 일했을까요? 사정전 곁에 있는, 온돌로 난방하는 만춘전과 천추전에서 일했습니다. 이 건물들 뒤에는 사정전과 달리 굴뚝이 있습니다. 만춘전과 천추전이란 이름에는 나라가 천년만년 이어지기를 바라는 마음이 담겼습니다.

조선에서 가장 뛰어난 업적을 이룬 왕은 세종입니다. 세종은 사정전에서 신하들과 머리를 맞대고 지혜를 모아 일을 추진했습니다. 세종은 어림짐작이 아니라 정확하게 측정하는 걸 중요시했습니다. 원천 데이터가 정확해야 대책이 제대로 나온다는 사실을 누구보다 잘 알았습니다. 그래서 하늘과 땅의 변화를 정확하게 측정할 수 있는 기구를 만들도록 지시했습니다. 이 계획은 한두 해에 끝나는 것이 아니라 적어도 십 년에 걸친 장기 계획이었습니다. 이 작업에는 뛰어난 기술자들뿐 아니라 내로라하는 문신들도 참여했습니다. 일종의 '드림팀'이 만들어졌고, 그 멤버 가운데 한 명이 노비 출신 장영실이었습니다. 세종은 신분을 뛰어넘어 서로 협력할 수 있도록 시스템을 구축했습니다.

처음 개발에 착수한 건 밤하늘의 움직임을 정확히 측정하는 기구였습니다. 1만 원권 지폐에 들어 있는 혼천의가 그 가운데 하나입니다. 정확한 측정 기구에 대한 열망은 밤에 자동으로 시간을 알려 주는 자격루의 발명으로 이어졌습니다. 그리고 많은 사람들이 시간을 알 수 있도록 한양 두 곳에 앙부일구를 설치했습니다. 세종은《세종실록》에서 "길옆에 (앙부일구를) 설치한 것은 보는 사람이 모이기 때문이다. 지금부터 시작해 백성들은 일할 때를 알게 될 것이다"라고 앙부일구를 설치한 이유를 밝혔습니다. 현재 사정전 앞에 있는 앙부일구는 국립고궁박물관에 있는 앙부일구를 복제한 겁니다.

세종의 과학 기구 프로젝트의 대미를 측우기가 장식합니다. 측우기는 세종의 맏아들로서 훗날 문종이 된 세자가 주도했습니다. 그는 빗물의 양을 정확하게 측정할 수 있는 통의 크기를 실험한 끝에 높이 약 31센티미터, 지름 약 15센티미터인 측우기를 완성했습니다. 측우기를 전국 300여 곳에 설치하고 비가 내리기 시작한 시간과 그친 시간, 그리고 빗물의 양을 2밀리미터 단위까지 기록해 보고하도록 했습니다. 이 기록은 정책을 세우는 데 큰 도움을 줬습니다. 훗날 정조는 측우기로 작성한 통계 기록을 바탕으로 기상 상황에 맞는 작물을 심도록 했습니다.

이번에는 뒤로 돌아봅시다. 사정전 앞으로 긴 건물이 늘어서 있습니다. 건물에 있는 창고 10개에 각각 이름표를 붙였습니다. 천자고(天字庫), 지자고(地字庫), 현자고(玄字庫), 황

사정(思政)에는 왕이 정치를 할 때 깊이 생각하라는 뜻이 담겼다.

자고(黃字庫)…. "하늘 천 따 지 검을 현 누루 황…", 이건 천자문입니다. 천자문 순서대로 창고의 이름을 지었습니다. 이 창고가 내탕고로, 이 안에 왕실 재산이 들어 있었습니다. 왕은 내탕고의 재물로 어려움에 부닥친 백성들을 돕고 재물을 주위 사람들에게 나눠 주며 권위를 유지했습니다. 지금의 대통령 업무추진비와 비슷한 면이 있습니다.

앙부일구 읽는 법

사정전 오른쪽에 앙부일구가 있습니다. 앙부일구를 알지 못하더라도 뚜껑 없는 솥처럼 신기하게 생겨서 가까이 가서 보는 사람들이 많습니다.

지금부터 앙부일구를 읽어 보겠습니다. 먼저 세로선으로 시간을 읽습니다. 앙부일구의 긴 세로선은 2시간 단위, 작은 세로선은 15분 단위로 그어져 있습니다. 한가운데 긴 세로선은 정오, 곧 12시를 가리킵니다. 그런데 앙부일구가 알려 주는 시간과 실제 시간은 다릅니다. 현재 우리는 태양의 움직임이 아니라 지구를 24개로 나누어 정한 시간을 사용하기 때문입니다. 그래서 앙부일구로 지금 시간을 알려면 시차보정표를 이용해 시간의 차이를 바로잡아야 합니다. 만약 해가 떠서 그림자가 보인다면 시차보정표를 활용해 지금 몇 시인지 알아볼 수 있습니다.

이번에는 가로선 차례입니다. 해의 높낮이에 따라 가로선

세종은 앙부일구를 만들어 시간을 직접 눈으로 볼 수 있도록 했다.

에 걸치는 그림자의 위치가 바뀝니다. 해가 높이 뜨면 짧아지고 낮게 뜨면 길어집니다. 가로선 끝에 절기를 표시했는데, 절기는 옛사람들에게 꼭 필요한 정보였습니다. 앙부일구는 시계이자 달력이었습니다.

4

영역

가경전에서 자경전까지

걸음마다 매력

강녕전

왕도 일을 마치면 퇴근합니다. 퇴근하는 집이 재택근무라 할 정도로 사정전에서 가깝습니다. 사정전까지가 공적 영역이라면 여기부터는 사적 영역입니다. 이 집 이름은 강녕전으로, '강녕(康寧)'은 건강한 걸 뜻합니다. 왕이 건강해야 정치든 뭐든 잘할 수 있겠죠? 이 집의 좋은 기운을 받아 왕이 건강하라는 기원을 담았습니다.

강녕전은 매우 넓습니다. 집 앞에 작은 행사장인 월대까지 놓았습니다. 건물 앞에 월대가 놓인 곳은 매우 중요하다는 뜻입니다. 경복궁에는 근정전, 강녕전, 수정전, 집옥재 등 몇몇 건물에만 있습니다. 이 일대에 강녕전을 비롯해 여러 채의 집이 널찍하게 들어섰습니다.

강녕전 뒤로 돌아가면 행각에 붙은 황토색 기둥이 나옵니다. 좌우로 두 개이고 기둥 위에 작은 집이 달려 있습니다. 이 집을 연기가 나가는 '연가'라 하며, 두 개 기둥은 강녕전과 이어진 굴뚝입니다. 이 굴뚝에 현대적인 감각이 풍기는 무늬가 보입니다. 그러나 자세히 보면 무늬가 아니라 글자로, 오른쪽 굴뚝은 천세만세(千歲萬歲), 왼쪽 굴뚝은 만수무강(萬壽無疆)입니다. 둘 다 오래 살라는 뜻입니다. 뜻도 뜻이지만 글자 자체가 매력적입니다. 특히 만수무강에서 '무(無)' 자가 탁월합니다. 손을 잡고 춤을 추는 듯한 디자인을 보면 감탄하고 맙니다. 강녕전의 굴뚝은 실용성과 아름다움, 두 마리 토끼를 모두 잡았습니다.

굴뚝뿐 아니라 사람이 잘 보지 않는 곳에도 어김없이 기원을 담았습니다. 강녕전 동쪽 지붕 측면의 삼각형 벽에 '강(康)', 서쪽 지붕 맞은편에 '녕(寧)'을 벽돌로 만들었습니다. 이 정도면 온 우주의 기운이 왕에게로 몰려갈 겁니다.

강녕전을 다른 건물과 견줘 보면 뭔가 다

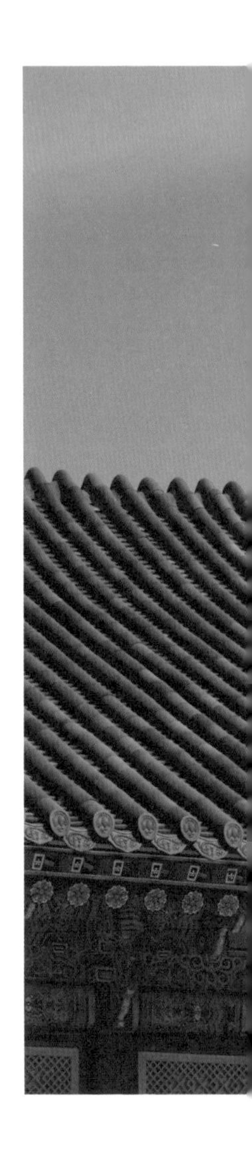

≋ 용마루가 없는 강녕전에서 지붕을 덮은 기와들이 꿈틀거리며 움직인다.

릅니다. 지붕 꼭대기를 길게 가로지른, 낮은 담장처럼 생긴 부분인 용마루가 없습니다. 용마루가 없는 집이라니! 이것에 관심 있는 사람들은 용마루의 상징에 주목합니다. '왕은 용인 셈인데 왕이 있는 곳에 또 다른 용(용마루)이 있을 수는 없다, 용마루의 기운이 왕의 기운을 눌러서는 안 된다'라며 용마루가 없는 까닭을 설명합니다. 그럴듯하지만, 아직 확증된 의견은 없습니다.

용마루가 없는 강녕전은 어떻게 보일까요? 지붕을 빼곡하게 덮은 기와들이 꿈틀거리며 움직이는 것처럼 보입니다. 기와들이 줄지어 고개를 넘어오는 것 같은데, 이때 기와들은 딱딱한 기와에서 생동하는 기운 덩어리로 바뀝니다. 만약 용마루가 있다면 용마루에 눌려 이런 느낌이 나지 않을 겁니다. 이렇게 보고 나면 '기운이 잘 돌도록 용마루를 만들지 않았을까?'라는 생각이 듭니다.

기와를 오래 관찰하면 기와가 단지 검은색이나 회색이 아니라 다채롭다는 걸 알 수 있습니다. 햇빛을 받은 기와는 쇠처럼 반짝거려 살아 있는 것 같습니다. 강녕전은 경복궁의 기와 맛집입니다. 강녕전의 매력은 여기서 끝나지 않습니다. 강녕전 뒤편 계단으로 올라가 열린 문으로 사정전을 본다면 깜짝 놀랄 겁니다. 사정전 지붕의 기와가 질서정연한 아름다움을 보여 주거든요.

교태전에서
최고의
풍경 찾기

교태전

이번에는 왕비의 집으로 갑시다. 강녕전을 지나면 곧바로 왕비의 집인 교태전이 나옵니다. 교태전? 처음 들으면 교태를 부린다고 할 때 그 교태라고 생각하기 쉽지만, 교태전에서 '교태(交泰)'의 의미는 굉장히 철학적입니다. 교태는 주역에 나오는 괘의 하나로, 땅이 위에 있고 하늘이 아래에 있는 모양입니다. 땅은 아래로, 하늘은 위로 제자리를 찾아가려니까 기운이 활발할 수밖에 없습니다. 두 기운이 움직이며 조화를 이뤄야 자연도, 세상일도, 자손을 낳는 일도 잘 이뤄질 겁니다. 이 기운이 생동하라는 뜻인지 교태전에도 용마루가 없습니다. 경복궁에서 강녕전과 교태전, 딱 두 건물에만 용마루가 없습니다.

교태전은 강녕전과 전체적인 느낌과 구조가 다릅니다. 넓고 시원한 강녕전 영역과 달리 교태전 영역은 아늑하고 편안합니다. 건물들을 'ㅁ' 자 모양으로 연결하고 위계에 따라 높낮이 변화를 줬습니다. 핵심 건물인 교태전은 가장 높게, 다음 건물은 한 단 낮게, 그 다음 건물은 더 낮게요. 강녕전이 툭 트여 시원한 사랑채라면 교태전은 폭 감싸여 내밀한 안채입니다.

교태전 영역은 보는 방향에 따라 다른 곳인 것처럼 풍경이 달라집니다. 교태전 마루 앞에서 보면 왕비의 시점에서 내려다보는 거고, 마당에서 보면 궁녀의 시점으로 올려다보는 겁니다. 교태전에 간다면 왕비의 시점과 궁녀의 시점이 무엇이 다른지 비교해 보기 바랍니다.

이제 교태전 최고의 풍경을 찾아볼까요? 교태전 뒤로 아미산이라는 잘 가꾼 동산이 펼쳐져 있습니다. 교태전 마루에 있는 세 개의 문으로 아미산이 액자 속 그림처럼 쏙 들어옵니다. 아미산은 계절에 따라 바뀌므로 액자 그림도 바뀝니다. 특히 꽃이 피는

≋ 하나로 이어진 교태전 영역의 건물들은 위계에 따라 높낮이를 달리했다.

봄에는 그 풍경에 반할 수밖에 없습니다. 이걸 '문을 통해 바깥 풍경을 빌려온다'라는 뜻에서 '차경(借景)'이라고 부릅니다. 문으로 안과 밖을 연결하는 겁니다.

마루에 있는 문은 보통 문이 아닙니다. 문마다 그림을 그렸는데, 마루를 꽉 채울 정도로 깁니다. 사슴, 소나무, 물, 거북, 구름, 복숭아, 영지, 산, 바위, 학이 눈에 들어옵니다. 이 그림은 장수, 곧 오래 사는 걸 상징합니다. 앞서 본 강녕전 굴뚝의 만수무강 글자를 그림으로 표현한 셈입니다. 그림 속 복숭아는 천도복숭아로, 전설에 따르면 하나를 먹으면 1,000갑자, 곧 6만 년을 산다고 합니다.

그렇다면 교태전의 주인인 왕비는 좋은 기운을 받아 오래 살았을까요? 한 연구에 따르면 조선시대 왕비의 평균 수명은 51세고 왕은 왕비보다 짧은 47세였습니다. 조선에서 가장 장수한 왕은 영조로 83세까지 살았습니다. 왕비는 신정왕후로 83세로 세상을 떠났는데 남편인 효명세자보다 무려 60년이나 더 살았습니다. 후궁의 평균 수명은 57세였습니다. 아무래도 왕비보다 스트레스를 덜 받았나 봅니다.

≋ 교태전 마루의 문으로 아기자기한 아미산이 액자 속 그림처럼 쏙 들어온다.

백두대간의
정기가
모이는 곳

아미산

교태전 뒤로 가면 동산이 나옵니다. 보는 순간 기분이 좋아지는 마법 같은 아미산입니다. 아미산은 경복궁에서 예쁜 곳으로 손꼽힙니다. 아미산은 실제 중국에 있는 아름다운 산으로 이 산에서 이름을 가져왔습니다. 동산을 산이라고 부르는 건 지나치다고 생각할 수 있습니다. 그런데 꼭 그렇게만 볼 수는 없습니다. 북한산을 거쳐 북악산으로 뻗어 내린 좋은 기운이 다다른 곳이 바로 여기거든요. 이 기운은 교태전으로 이어집니다.

옛사람들은 아미산을 정성껏 만들고 가꾸었습니다. 계단식으로 만들었는데, 단마다 여러 식물이 자랍니다. 이렇게 하면 관리하기 좋고 식물들이 잘 보입니다. 왕비가 잘 볼 수 있도록 고려한 것 같습니다. 그리고 식물들 사이로 돌을 파서 만든 작은 연못을 놓았습니다. 하나는 달을 품은 연못이라는 함월지(涵月池), 다른 하나는 노을이 내려앉은 연못이라는 낙하담(落霞潭)입니다.

아미산 위쪽에 의아스러운 육각형 구조물이 있습니다. 이건 굴뚝으로, 위쪽에 연가를 놓았습니다. 이 일대를 발굴하면서 이 굴뚝이 교태전과 연결된 걸 확인했습니다. 이 굴뚝은 마치 예술 작품 같습니다. 굴뚝을 좋은 뜻을 지닌 식물과 동물, 나쁜 기운을 몰아내는 상상의 동물로 장식했습니다. 특히 굴뚝 아래쪽에 코가 길고 이빨이 삐죽 나온 코끼리 비슷한 동물이 보입니다. 힘차게 돌진하려는 이 동물은 불가사리로, 굴뚝으로 들어오는 나쁜 기운을 막고 있습니다.

아미산은 보는 위치에 따라 인상이 달라집니다. 사람들은 보통 아미산 앞을 쭉 보면서 지나갑니다. 이렇게 봐도 좋지만, 아미산이 왕비가 본다는 걸 고려해 만들었다는 사실을 기억하면 좋겠습니다. 교태전에 놓인 계단 위로 올라가면 아미산이 시원하게 보이는데 이곳이 왕비의 시점과 가장 가깝습니다.

이번에는 왕비의 마음을 상상해 볼까요? 왕비는 일단 궁궐에 들어오면 밖으로 나가는 일이 드물고 대부분 궁궐 안에서 생활했습니다. 왕비는 궁궐의 여성들, 왕족 여성들, 관리의 부인들을 이끌어야 했습니다. 존중받는 만큼 신경 쓸 일이 많았습니다. 바깥바람 쐬는 일이 쉽지 않았고, 스트레스는 쌓였을 겁니다. 보통 사람들처럼 왕비에게도 숨구멍이 필요했는데 이 아미산이 바로 왕비의 숨구멍이었습니다. 아미산에 핀 꽃을 보는 순간만큼은, 바람에 흔들리는 나무를 보는 순간만큼은 골치 아픈 궁궐 일을 잊었을 겁니다. 그래서인지 아미산은 서글프게 아름다운 곳입니다.

함원전 화계

이제 아미산 왼쪽 함원전 뒤편으로 갑시다. 이곳에 대단한 문화유산이나 볼거리가 있는 건 아닙니다. 오히려 사람들이 잘 모르거니와 온다 해도 쓱 지나치는 경우가 많습니다. 이곳에 우물과 계단식 꽃밭인 화계가 펼쳐져 있습니다. 우물은 단정하고 화계에는 앵두나무와 모란을 비롯한 여러 식물이 자랍니다. 아미산의 굴뚝에 비해 소박하지만, 듬직한 굴뚝도 있습니다. 이웃한 아미산이 주연이라면 이곳은 조연입니다.

함원전 옆 건물 모퉁이에 앉아 이 풍경을 보고 있으면 왠지 모르게 마음이 편안해집니다. 사람들로 분주한 경복궁에서 이곳은 한가합니다. 그 점이 좋습니다. 눈앞에 있는, 볼수록 끌리는 우물은 어쩐지 비밀 이야기를 많이 간직하고 있을 것 같습니다. 우물 앞에 깔린 박석은 또 어떻고요. 오래 보고 있어도 거슬림이 없습니다. 누가 우물에서 물을 떴을까, 물을 뜨며 무슨 생각을 했을까를 상상하다 보면 우물에서 물소리가 들리는 듯합니다.

우물가에는 소박하지만 단정한 화계가 만들어져 있습니다. 식물들은 사람이 보든 말든 자기 생활 주기에 따라 일 년을 보냅니다. 화계에는 앵두나무 몇 그루가 자랍니다. 봄에는 앵두나무 하얀 꽃이 피는 걸 보려고, 초여름에는 빨간 앵두를 기다리며 이곳에 옵니다.

함원전 뒤쪽 화계에서 거북이 여러분을 기다리고 있습니다. 길을 가는데 친구가 불렀는지 고개를 돌렸습니다. 얼굴에 살짝 미소를 머금고요. 우리나라에 거북 돌조각은 많지만, 이런 자세와 표정을 한 거북은 만나기 어렵습니다.

이 거북은 일하는 중입니다. 등에 동그랗고 작은 연못을 업었습니다. 그런데 보통 연못이 아닙니다. 연못을 감싼 용은 연못을 굳세게 지키려는 것처럼 힘이 넘칩니다. 이 거북이 처음부터 이곳에 있던 건 아닙니다. 일제강점기에 찍은 사진을 보면 지금은 사라진 조선총독부박물관 바로 곁에 있었습니다. 일제강점기에 다른 곳에서 가져온 것 같은데, 현재로서는 더 이상 알 수 없습니다.

≋ 곁의 모란 향이 진해서일까, 기다리는 친구가 있어서일까, 거북은 고개를 돌렸다.

거북 곁에 친구 같은 커다란 모란이 듬직하게 자리를 지키고 있습니다. 모란이 피기 전까지 모란은 눈에 잘 들어오지 않습니다. 그러나 모란이 피면 사람들에게 큰 관심을 받습니다. 모란이 가득하거든요. 이때 모란에서 은은한 향기가 흘러나와 거북의 코를 간지럽힙니다. 혹시 간지러워 고개를 반대로 돌린 걸까요? 모란은 봄에만 꽃을 피우지 않습니다. 펄펄 눈이 내리면 꽃잎이 사라진 모란 꽃대에 눈이 쌓여 눈꽃이 핍니다. 꽃이 진 모란은 사람들 관심에서 벗어나지만, 모란과 거북은 서로 의지하며 늘 그 자리에 있습니다.

담장에
숨겨진
미학

자경전

선왕의 왕비, 곧 대비가 살던 집은 어디일까요? 교태전 동쪽으로 걸어가면 자경전이 나옵니다. '자경(慈慶)'은 어머니에게 경사스러운 일이 있으라는 뜻입니다. 흥선대원군이 경복궁을 중건할 때 신정왕후를 위해 이 집을 지었습니다. 신정왕후의 남편은 널리 알려진 효명세자입니다. 순조의 아들로, 순조의 명에 따라 대리청정하다 순조보다 먼저 세상을 떠났습니다. 총명하고 일을 잘해 순조가 잔뜩 기대했다고 합니다. 살아 있을 때는 왕이 아니었고 죽은 뒤 왕으로 높여져 익종이 되었습니다. 신정왕후는 철종이 승하한 뒤 흥선대원군의 아들인 이명복을 양자로 들이고 그를 왕으로 지명했습니다. 흥선대원군에게 신정왕후는 자식을 왕으로 만들어 준 은인 중의 은인이었습니다. 그러니 이 집에 엄청난 신경을 쓸 수밖에 없었을 겁니다.

자경전 옆으로 청연루와 협경당까지 생김새가 다른 건물

세 채가 연이어 늘어섰습니다. 자경전 마당 동남쪽 모퉁이에서 넓은 자경전 영역이 시원스럽게 보입니다. 그런데 한 가지 재미있는 사실은 자경전을 신정왕후를 위해 지었지만 정작 신정왕후보다 고종이 자주 사용했다는 겁니다.

자손들이 어른들에게 가장 바라는 건 어른들이 건강하게 오래오래 사시는 겁니다. 자경전에도 곳곳에 만수무강의 소원을 담은 상징이 숨어 있습니다. 자경전에서 이 상징을 찾다 보면 어느새 자경전을 한 바퀴 돌게 됩니다. 자경전 정문의 이름이 장수하라는 뜻을 담은 만세문(萬歲門)입니다.

자경전 마루 천장에는 같은 글자가 빼곡하게 쓰여 있습니다. 쌍희 '희(囍)' 자로 기쁨이 두 배가 되라는 뜻입니다.

담장도 그냥 지나치면 안 됩니다. 언뜻 그림처럼 보이지만 뜻을 나타내는 글자들이 아름답게 디자인되어 있습니다. 먼저 북쪽 담장 오른쪽부터 한 글자씩 '성인도리(聖人道理)'라고 썼습니다. 성인의 도리를 지킨다는 뜻입니다. 서쪽 담장에는 안팎으로 글자가 보입니다. 안쪽 담장 오른쪽부터 '천귀만수(千貴萬壽)', 곧 귀하게 오래 살라는 기원을 담은 글자가 보입니다. 담장 밖에는 '낙강만년장춘(樂疆萬年長春)'이 보이는데, 즐겁고 건강하게 오래 살기를 기원하는 내용입니다. 아마 자경전에서 문을 열면 이 글자들이 보일 겁니다. 후손들은 이 글자로 신정왕후에게 매일 문안 인사를 드린 셈입니다. "대비마마, 오래오래 건강하게 사시옵소서."

무병장수의 바람은 글자에 그치지 않았습니다. 조선의 장인은 이 바람을 놀라운 곳에 파격적으로 표현했습니다. 교태전 아미산에 아름다운 굴뚝이 있는 것처럼 자경전에는 놀라운 굴뚝이 있습니다. 이 굴뚝은 아미산의 굴뚝과 달리 넓은 사각형으로, 만약 처음 본다면 굴뚝인지 모릅니다. 윗부분의 연가를 보고 비로소 굴뚝인 줄 압니다. 조선의 장인은 굴뚝을 화선지 삼아 그림을 펼쳐 놓았습니다.

처음에는 그림이 복잡해 보입니다. 이럴 때는 정공법이죠. 옛 그림 읽는 방식을 따라서 오른쪽부터 살피면, 주렁주렁 열린 포도가 맨 먼저 보입니다. 포도는 주렁주렁 달리는 열매 때문에 다산을 상징합니다. 그 옆에 연꽃이 가득한 연못이 있습니다. 연못에서 새들이 쌍을 이뤄 사이좋게 놀고 있습니다. '쌍'은 부부의 화목을 뜻합니다. 연꽃은 군자를 상징하기도 하며 연달아 좋은 일이 생기는 것, 자손이 많이 태어나라는 바람을 뜻하기도 합니다. 그 옆에 대나무 한 그루가 시원스럽게 솟았습니다. 대나무는 사군자의 하나지만, 자손 번창을 뜻하기도 합니다.

대나무를 경계로 왼쪽으로 펼쳐진 그림에는 〈장생도〉에 자주 나오는 소재가 등장합니다. 동물로는 학, 사슴, 거북이 쌍으로 나오고 식물로는 소나무와 영지버섯이 보입니다. 무생물로는 해, 산, 물, 돌, 구름이 등장합니다. 가장 왼쪽에는 꽃 한 송이가 피어났습니다. 마주 보며 걸어가는 사슴, 기운을 내뿜으며 걸어가는 거북, 구름 위로 솟아오르는 해의 표현이 기막힙니다. 교태전 문의 그림이 자경전으로 뚜벅뚜벅 걸어와 이 굴뚝으로 들어간 것 같습니다. 이런 노력 덕분이었을까요? 신정왕후는 조선의 왕비 가운데 가장 오래 살았습니다.

계절마다 자경전에 온다면 철마다 다른 자경전의 매력을 발견할 겁니다. 봄날 자경전 서쪽 담 너머로 살구나무가 활짝 필 때면 이곳은 무릉도원으로 바뀝니다. 햇볕이 내리꽂히는 한여름 자경전 마당 구석 그늘에 앉아 있으면 넓고 시원한 자경전 풍경에 잠시 더위를 잊습니다. 어느 가을 맑고

투명한 오후의 빛이 굴뚝을 옆으로 비추면 굴뚝의 그림들이 툭툭 튀어나옵니다. 대기도 얼어 버리는 겨울 자경전 계단 옆에 눈을 감고 서 있으면 기분 좋은 나른함이 온몸에 퍼집니다. 자경전의 다른 이름은 '어느 때라도 충만'입니다.

≋ 조선의 장인은 굴뚝을 화선지 삼아 장수의 염원을 화려하고 우아하게 표현했다.

5
영역

경회루와 궐내각사

사람이 있어
생기 넘쳤던
곳

경회루

대통령이 공식적인 만찬을 여는 것처럼 조선시대 왕도 공식적인 잔치를 열었습니다. 경회루는 이 잔치가 열리는 곳으로, 지금으로 따지면 청와대의 영빈관 같은 곳입니다. '경회(慶會)'는 왕과 신하가 덕으로 경사스럽게 만난다는 뜻입니다. 잔치를 여는 데도 진지한 이유가 붙었습니다. 넓고 큰 경회루에서는 잔치만 열렸을까요? 이곳은 과거 시험이 열리는 등 다양하게 활용되었습니다. 경회루는 현대에 들어와서도 국가의 공식 만찬이 열리곤 했습니다.

잔치로 왕과 국가의 권위를 세우려면 건물의 규모가 상당해야 했을 겁니다. 경회루의 크기는 정면 34.4미터, 측면 28.5미터, 높이 21.5미터에 이릅니다. 그렇지만 숫자로는, 또 멀리서 봐서는 규모가 크게 와닿지 않습니다. 가장 좋은 방법은 경회루에 직접 들어가서 보는 겁니다. 밖에서 보면 크구나 하는 정도지만 안에서 보면 정말 어마어마해서 입이 떡 벌어집니다. 동시에 1,200여 명이 행사에 참여할 수 있었다고 합니다.

잔치의 흥을 돋우려면 경치가 좋아야 합니다. 경회루는 커다란 연못에 자리 잡았고, 연못에는 멋진 소나무가 자라는 섬까지 있습니다. 게다가 연못가를 따라 눈을 사로잡는 나무들이 늘어섰습니다. 잔치가 열리는 2층에서 보면 파노라마처럼 산과 궁궐이 펼쳐집니다. 경회루 앞뜰은 걷기 좋고요. 이 정도면 기분 좋은 잔치가 열리기에 부족함이 없습니다.

경회루를 찾는 사람들에게 가장 인기 있는 곳은 단연 경회루 앞입니다. 누가 말하지 않아도 자연스럽게 이곳으로 향합니다. 경회루가 정면으로 보이고 연못에는 경회루가 비치며, 물가에는 아름다운 나무들이 늘어섰습니다. 이곳에서 만나는 경회루는 신화 속 영웅처럼 거대하고 단단해 보입니다. 현재 경회루 돌기둥에는 무늬가 없지만 성종이 경회루를 고쳐 지을 때는 용무늬를 새겼습니다. 성현이 쓴《용재총화》에 따르면, 이 기둥을 본 유구국(지금의 오키나와) 사신은 이렇게 말했다고 합니다.

"조선에서 본 세 가지 장관이 있소. 그중에서 경회루 돌기둥에 새겨진 용 그림자가 푸른 물결과 붉은 연꽃 사이로 보였다 안 보였다 하는 것이 으뜸이오."

우리가 실제로 이 장면을 봤다면 뭐라 말했을까요?

정면에서 웅장한 경회루를 만난다면 남동쪽 끝에서는 날렵한 경회루를 만납니다. 이곳에서 경회루의 측면과 인왕산이 함께 보입니다. 둘이 어우러진 모습이 물에 비치는데, 이 모습 또한 놓치면 안 됩니다. 물이 일렁거릴 때 인왕산과 경회루가 함께 리듬을 따라 춤을 추거든요. 특히 물에 비친 눈덮인 경회루 지붕은 마치 물에 조각된 입체 그림 같습니다.

이번에는 숨겨 둔 보물 같은 곳으로 가겠습니다. 경회루 남서쪽 모서리입니다. 이곳에서는 두 나무 사이로 경회루가 보입니다. 이 나무들은 능수버들로, 살짝 바람만 불어도 살랑살랑 흔들려 더욱 운치 있습니다. 흔들거리는 나무 사이로 보는 경회루는 어딘가 아련합니다.

경회루 앞이 시원하게 열린 공간이라면 경회루 동쪽은 반전의 공간입니다. 동쪽에 긴 담장이 늘어섰고 세 곳에 문이 있습니다. 문들은 풍경을 담은 액자의 프레임 역할을 합니다. 문으로 보는 풍경은 각각 맛이 달라서 세 곳 모두 봐야 퍼즐이 완성됩니다.

문들 가운데 가장 큰 것은 남쪽에 있는 이견문입니다. 문도 크고 문 앞에 놓인 다리도 큽니다. 해를 상징하는 이 다리로 왕이 다녔습니다. 이 문에서 지붕이 하늘 끝까지 올라간 경회루를 만날 수 있습니다. 가슴까지 시원해지는 장면이죠. 다리를 건너면 왕이 경회루로 올라가는 계단이 나옵니다.

이번에는 가운데 문인 함홍문으로 가겠습니다. 문 앞에 놓인 다리는 남쪽 다리보다 폭이 좁습니다. 달을 상징하는 다리로, 신하들이 이용했습니다. 다리 앞쪽에 듬직하게 생긴 동물이 서로 마주 보고 있습니다. 이 문에서는 경회루 돌기둥이 열 지어 늘어선 모습이 보이는데, 끝없이 이어진 것 같습니다.

마지막으로 북쪽 문인 자시문입니다. 이 문 앞의 다리는 별을 상징하며, 시중드는 사람들이 다녔습니다. 다리 앞쪽에 익숙한 동물이 보이는데 보자마자 "코끼리다!"라고 외칠지 모르겠습니다. 코가 길고, 긴 이빨이 솟아났거든요. 코끼

≋ 신하들이 건너는 다리로, 다리 너머로 우람한 돌기둥이 웅장하게 늘어섰다.

리를 닮은 이 동물을 어떤 사람은 불가사리로 보기도 합니다. 이 문에서 경회루와 연못, 그리고 인왕산이 한눈에 들어오는데, 깊은 공간감이 느껴집니다.

경회루 서쪽도 빼놓을 수 없습니다. 이곳은 사람들로 북적거리는 남쪽에 비해 한적합니다. 그래서 물가를 따라 걷는 맛이 좋습니다. 빈 의자를 만나면 앉아서 잠시 경회루를 보거나 이야기를 나눠 보세요. 북쪽 끝 물가에서 길게 뻗은 가지로 운치를 더하는 건 오래된 뽕나무입니다.

≋ 경회루 연못 남서쪽 모서리에서는 하늘거리는 능수버들 사이로 경회루가 아련하게 보인다.

예약은 필수,
반드시
내부를 보라

경회루 내부

경복궁에서 반드시 내부를 봐야 할 건물을 꼽는다면? 그곳은 단연 경회루입니다. 경회루 밖에서는 경회루 내부가 어떤지, 외부가 어떻게 보이는지 짐작하기 쉽지 않습니다. 그런데 실제로 들어가 보면 상상을 훌쩍 뛰어넘습니다. 다행히 경회루는 봄부터 가을까지, 예약을 통해 내부를 관람할 수 있습니다.

경회루 내부 관람은 가운데 문인 함홍문에서 시작됩니다. 문 앞에 놓인 돌다리를 건너면서 경회루가 섬에 있다는 걸 실감합니다. 다리를 완전히 건너면 경회루를 지탱하는 거대한 돌기둥이 여러분을 맞이합니다. 돌기둥에 군데군데 상처를 치료한 흔적이 보입니다. 한국전쟁 때 총알을 맞은 자국입니다.

이제 돌기둥 사이를 걸어 보겠습니다. 기둥 사이를 걷다 보면 전설에 나오는 신성한 신전에 들어온 기분이 듭니다.

거대한 돌기둥이 열 맞춰 늘어선 모습이 경이롭습니다. 고개를 들어서 보면 끝없이 펼쳐진 천장이 나타납니다. 천장에는 꽃이 잔뜩 그려져 있어 머리 위로 꽃구름이 둥둥 떠다니는 것 같습니다. 그런데 기둥의 모습이 다릅니다. 바깥 기둥은 모두 사각형인데 안쪽 기둥은 모두 동그랗습니다. 사각형과 원형, 이건 무엇을 뜻할까요? 사각형은 땅, 원형은 하늘을 상징합니다. 천원지방(天圓地方)이란 우주관을 기둥으로 표현한 겁니다. 하늘과 땅(天地) 사이를 여러분(人)이 걷고 있습니다.

1층에서 맛보기를 끝내고 잔치가 벌어지는 2층으로 올라가겠습니다. 2층은 놀람의 연속입니다. 2층의 넓이는 상상 이상입니다. 넓이가 298평(약 985제곱미터)이나 된다고 하는데, 이 정도라면 큰 잔치를 넉넉하고 여유롭게 치를 수 있습니다.

처음에 크기에 놀랐다면 다음은 풍경 차례입니다. 실감영상 같은 풍경이 사방으로 펼쳐집니다. 동쪽에는 고래 등 같은 궁궐 건물들이 큰 파도처럼 밀려옵니다. 파도치는 듯한 건물을 본다면 아마 입이 쩍 벌어질 겁니다. 남쪽으로는 경회루 연못과 수정전이 보입니다. 서쪽으로 인왕산이 어느새 코앞으로 달려오고 북쪽으로 북악산이 굳센 기세를 자랑합니다. 이 풍경을 모두 담는 곳에 경회루가 있습니다.

흥분을 가라앉힌 다음, 가장 가운데 마루를 찾아서 앉아 보세요. 바로 그곳이 왕의 자리입니다. 왕의 자리에 앉아 남쪽을 바라보면 잠깐이지만 왕이 된 듯한 기분을 누릴 수 있습니다. 경회루의 마루는 평평하지 않고 높이가 다릅니다. 왕이 있는 곳을 가장 높게, 이 자리를 에워싼 곳은 이보다 낮게, 가장자리는 더 낮게 만들었습니다. 신분에 따라 앉는 자리가 달랐습니다.

이제부터 집중해서 잘 살펴봐야 합니다. 경회루의 마루와 기둥에 특별한 상징이 있습니다. 우선 왕이 앉는 자리를 보겠습니다. 세 부분으로 이뤄진 이곳은 각각 천지인, 곧 하늘과 땅과 사람을 뜻합니다. 세 부분을 합쳐 '중궁(中宮)'이라 부릅니다. 이번에는 중궁을 둘러싼 마루의 칸을 세어 볼까요? 모두 12칸입니다. 12칸은 일 년 열두 달을 상징합니다. 가장 바깥 기둥은 모두 24개로 24절기를 뜻합니다. 지금까지 살펴본 것처럼 2층 마루와 기둥에는 우주와 시간의 상징이 깃들었고, 그 중심에 왕이 있습니다.

이번에는 시야를 경회루 전체로 넓혀 보겠습니다. 경회루의 기둥은 전면 8개, 측면 6개로, 경회루를 칸으로 따지면 35칸입니다. 경회루 전체를 하나로 보고 35칸과 더하면 36이 됩니다. 이 36을 특별히 36궁이라 부르는데, 36궁은 우주 변화의 원리를 담은《주역》에 바탕을 두었습니다. 36궁은 물을 상징하는 숫자 6과도 관련이 깊습니다. 이렇게 보면 36궁에 우주의 원리와 화재 예방의 기원을 담은 셈입니다.

지금까지 본 것처럼 경회루는 잔치를 베푸는 공간일 뿐 아니라 우주와 시공간을 담은 철학과 염원의 공간입니다.

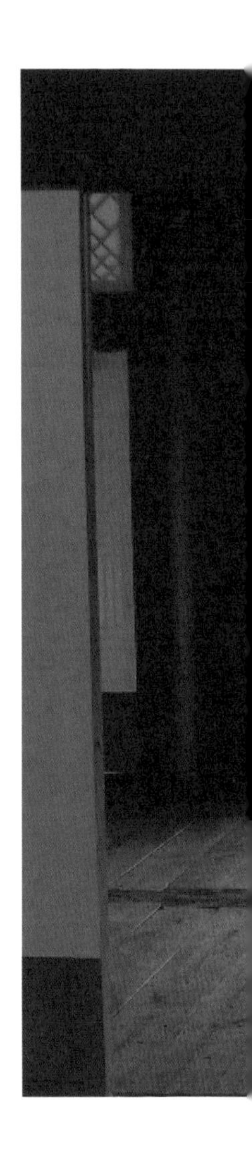

≋ 경회루 2층, 왕의 자리에 앉아 남쪽을 바라보면 잠시 왕이 된 듯한 기분이 든다.

불을
막기 위한
노력

경회루 연못

모든 게 평화로워 보이는 경회루. 그러나 알고 보면 그곳은 치열한 생존의 현장이었습니다.

조선시대에 궁궐 최대의 적은 적군과 불이었습니다. 임진왜란 때 왜군은 한양의 궁궐이란 궁궐에 모조리 불을 질렀습니다. 정궁인 경복궁도 예외가 아니었습니다. 나무로 지은 궁궐에 일단 불이 붙으면 손쓸 방법이 없습니다. 불길이 순식간에 모든 걸 휩쓸고 지나가 폐허만 남습니다. 그래서 단단하게 대비해야 했습니다. 잔물결이 일렁거리는 경회루 연못은 궁궐에 불이 났을 때 방화수가 되었습니다. 방화수라 여기고 연못을 보면 연못이 좀 달라 보입니다.

흥선대원군 주도로 경복궁을 중건할 때도 역시 불은 두려운 존재였습니다. 불을 막기 위해 할 수 있는 방법이란 방법을 모두 동원했습니다. 1997년 경회루 연못을 청소하기 위해 물을 빼는데 깜짝 놀랄 만한 유물이 나왔습니다. 길이가 무려 146.5센티미터나 되는 청동 용으로, 혀를 쑥 내밀고 어디론가 힘차게 달려가는 모습이었습니다. 물을 다스리는 동물인 용을 청동으로 만들어 경회루 북쪽 물가에 보이는 하향정 근처에 넣었습니다. 북쪽은 물을 상징하죠. 기록에는 두 마리를 넣었다고 전하는데 어떻게 된 일인지 한 마리만 발견되었습니다. 사라진 한 마리는 어디로 갔는지 오리무중입니다. 발견된 청동 용은 경회루에서 가까운 국립고궁박물관으로 갔습니다.

그럼, 경회루 연못에서 용은 영영 사라졌을까요? 발견한 청동 용을 박물관으로 보내는 대신 청동 용을 새로 만들어 넣었습니다. 이 용은 지금 경회루 연못 속에서 불기운을 제압하고 있습니다.

불을 막기 위한 노력은 집요했습니다. 청동 용을 만들기 한 해 전, 궁궐에서 보낸 사람들이 관악산 꼭대기로 올라갔습니다. 그곳에서 나무를 베서 숯 6섬을 만들었습니다. 섬은 조선시대에 부피를 나타내는 단위로 약 80리터 혹은 110리터에 해당합니다. 숯은 불기운을 뜻하고 6은 물을 상징하는 숫자입니다. 불기운을 물기운으로 가둬 경복궁으로 가져온 뒤 이 숯을 가장 중요한 건물인 근정전과 물기운이 가득한 경회루 북쪽 제방 위에 묻었습니다. 물을 상징하는 북쪽에 관악산에서 애써 만든 숯을 묻은 건 관악산의 불기운을 물기운으로 꽉 누르기 위해서였을 겁니다. 지금도 경회루 북쪽 제방에서 숯이 발견된다고 합니다.

그뿐 아니라, 광화문 현판에서 살펴본 것처럼 건물의 현판 바탕을 검은색으로 칠했습니다. 검은색 현판으로 궁궐로 오는 불기운에 정면으로 맞선 겁니다. 또 '용(龍)' 자를 1,000여 번이나 써서 만든 '수(水)' 자 부적을 근정전 위쪽에 놓았습니다. 또 모서리마다 '수(水)' 자를 쓴 육각형 은판을 만들

≋ 1997년 경복궁 연못 속에서 발견한 청동 용. ⓒ국립고궁박물관.

어 서로 연결했습니다. 연결된 세 개의 판은 '묘(淼)' 자를 상징합니다. 많은 물을 뜻하는 이 글자 역시 근정전 위쪽에 놓았습니다. 그 덕분인지 근정전과 경회루는 중건 뒤 불길 속으로 사라지지 않고 제 모습을 지켰습니다.

경회루는 화재를 막는 총본부 같은 역할을 했습니다. 하지만 경회루의 역할은 여기서 끝나지 않았습니다. 세종 때 일입니다. "경회루 연못가에서 석척 기우제를 행하고, 호랑이 머리를 양진과 박연에 담갔다(《세종실록》 124권, 세종 31년 5월 29일)." 경회루 연못은 지금까지 살펴본 곳이고 석척은 도마뱀, 양진은 서울에 있는 광나루, 박연은 개성에 있는 박연폭포를 말합니다. 기우제는 심한 가뭄이 들 때 비를 내려 달라고 치르는 의식입니다. 세종 때 심한 가뭄이 들자, 경회루 연못가에서 도마뱀을 이용해 비를 내려 달라고 기원했습니다.

도마뱀이 용과 비슷해 용의 대리자로 뽑혀 왔는데, 방법은 이렇습니다. 도마뱀을 항아리에 넣고 푸른 옷을 입은 남자아이들이 버드나무 가지로 항아리를 두드리며 주문을 외칩니다.

"도마뱀아, 도마뱀아. 구름을 일으키고 안개를 토해 내라.

비를 내려 주면 너를 돌아가게 놓아 줄게."

도마뱀에게 비를 내려 달라고 비는 걸 넘어 아예 협박합니다. 아무 영문도 모른 채 경회루까지 잡혀 온 도마뱀으로서는 난데없는 봉변을 당한 셈이지만, 비가 얼마나 간절했는지를 잘 보여 줍니다.

하향정과 경회루

경회루 연못 북쪽에 작은 정자가 보입니다. 사람이 시원한 연못에 두 다리를 담근 것처럼 정자도 다리를 연못에 넣었습니다. 정자의 이름은 하향정(荷香亭)으로, 연꽃 향이 나는 정자라는 뜻입니다. 정자의 향기를 느끼려면 가까이 가야 하는데 다가갈 방법이 딱히 떠오르지 않습니다. 자세히 보니 하향정 오른쪽 담장에 닫혀 있는 작은 문이 보입니다. 이 문을 이용한 사람이 이승만 대통령이었습니다.

이 건물은 조선시대 것처럼 보이지만 사실 그렇지 않습니다. 1959년 이승만 대통령이 머리를 식히고 낚시도 할 겸 만들었습니다. 이승만 대통령과 부인이 이곳에서 낚시하며 다정하게 앉은 사진이 있습니다. 그러나 이승만 대통령의 여유는 오래가지 못했습니다. 다음 해 4월 19일 부정선거를 규탄하고 민주주의를 외치는 4·19혁명이 일어났고, 이승만 대통령 부부는 하와이로 망명을 떠났습니다.

그로부터 시간이 한참 흐른 2013년 하향정은 논란에 휩싸입니다. 경복궁의 복원 기준이 고종 당시이므로 현대에 지은 하향정을 철거해야 한다는 주장이 나왔습니다. 그러나 문화재위원회는 논의 끝에 철거하지 않고 그냥 두기로 결정합니다. 하향정이 이곳과 어울리고 뛰어난 목수가 지었으며 대통령과 관련한 역사가 있다는 이유였습니다. 그렇다면 경회루 근처 어딘가에 하향정의 역사를 알려 주는 안내판이 있으면 좋을 텐데 찾을 수 없어 아쉽습니다.

4·19혁명 1년 뒤 5·16군사정변이 일어났습니다. 박정희 소장을 중심으로 한 군부 세력이 불법으로 권력을 장악했습니다. 그리고 13일 뒤인 5월 29일 경복궁 근정전 마당에서 위문 공연이 열렸습니다. 5·16군사정변에 참가한 군인들을 위문한다는 목적이었습니다. 당시 사진을 보면 근정문 앞에 설치한 무대에서 가수 4명이 공연했습니다. 근정전 마당에 철모를 쓴 군인들이 몰렸고, 일부 군인은 행사 장면을 잘 보려고 품계석 위에 올라가기까지 했습니다.

다음 해 박정희 정권은 경복궁을 정권 홍보에 적극 활용했습니다. 경복궁에서 군사정변을 정당화하고 경제개발계획을 홍보하기 위해 '군사혁명 1주년 산업박람회'를 열었습니다. 해방 이후 최대의 행사로 무려 149개의 전시관에서 17만여 점을 전시했습니다.

'민족'은 박정희 정권이 강조하는 가치 가운데 하나였습니다. 경복궁 역시 정권이 추구하는 가치에서 벗어날 수 없었죠. 덕수궁에 있는 국립박물관(훗날 국립중앙박물관)을 경복궁 동쪽으로 이전하는 계획을 세우며 새로 짓는 박물관의 설계 지침을 이렇게 정했습니다. "건물 그 자체가 어떤 문화재의 외형을 그대로 나타나게 할 것, 여러 동의 조화된 문화재 건축을 모방해도 좋다." 그 결과 경복궁에서 가장 이질적인 건물이 탄생했습니다. 건물 정면 아래쪽은 불국사의 백운교와 청운교, 그 윗부분은 법주사 팔상전, 왼쪽은 화엄사 각황전, 오른쪽은 금산사 미륵전을 본떴습니다. 이 건물은 지금까지 좋지 않은 건축물의 대표 사례로 언급되곤 합니다.

1979년 말 역사적인 격변기에 다시 경복궁이 등장합니다. 그해 10월 26일 박정희 대통령은 중앙정보부장 김재규가 쏜 총에 맞아 세상을 떠납니다. 그 현장이 경복궁에서 가까운 궁정동 안가였습니다. 권력의 공백을 틈타 전두환을 중심으로 한 신군부 세력이 급부상했고, 그들은 걸림돌이던 육군참모총장을 제압하기로 마음먹습니다. 전두환을 비롯한 핵심 군인이 모여 군사 반란을 실행한 곳이 경복궁에 있던 30경비단입니다. 30경비단은 1961년 5·16군사정변에 동원된 군인의 일부가 경복궁에 주둔하면서 시작되었습니다. 경복궁 서북쪽에 해당하는 넓은 지역에 30경비단이 주둔했습니다. 12·12군사반란으로 신군부는 자신을 반대하는 군인들을 제압하고 권력을 장악했습니다.

그들은 여기서 그치지 않았습니다. 1980년 5월 민주화를 요구하는 광주의 시민과 학생을 무자비하게 진압해 죽음으로 내몰았습니다. 그들은 광주의 피가 채 마르지 않은 6월 하반기 미스유니버스대회를 서울에서 화려하게 개최했습니다. 이 대회로 사람들의 시선을 돌리려는 듯 광화문 일대에서 화려한 카퍼레이드까지 벌였습니다. 경복궁도 행사 무대가 되어 참가자들은 경회루와 향원정을 배경으로 수영복을 입고 사진을 찍었습니다.

이번에는 아예 전두환이 경회루의 주인공으로 등장했습

니다. 1980년 9월 1일 전두환은 잠실체육관에서 제11대 대통령 취임식을 하고 그날 저녁 경회루에서 열린 취임 축하 연회에 참석했습니다. 임금과 신하가 경사스럽게 모인다는 경회루에서 국민을 죽음으로 내몬 사람이 경회루에 깔린 레드카펫을 걸어 입장했습니다.

1987년 10월 1일에도 전두환은 경회루에 있었습니다. 국군의날 기념 연회를 경회루에서 열었습니다. 그해 12월 16일 제13대 대통령 선거 투표가 실시되었고, 전두환은 1988년 2월 24일 자정에 퇴임했습니다.

"대통령이 때가 되면 물러나는 수범을 보여야 한다는 신념 아래 본인은 우리나라 민주주의의 꽃밭을 가꾸는 농부의 자세로 모든 노력을 다 기울여 왔습니다."

경회루를 좋아한 독재자가 남긴 이임사의 한 구절입니다.

도면으로 남은
역사의
격변기

궐내각사

경회루에서 뒤를 돌아보면 나무가 들어찬 넓은 정원이 보입니다. 정원 주위에 지친 다리를 쉴 수 있는 의자와 갈증을 해결하는 카페가 있습니다. 궁궐을 다닐 때 꼭 필요한 화장실도 있습니다. 정원과 편의시설이 자리 잡은 이곳은 옛날부터 이랬을까요?

다행히 이 영역을 그린 궁궐 도면이 전해집니다. 도면은 사진이나 그림보다 생생함은 덜하지만, 건물의 위치를 정확하게 알려 줍니다. 그래서 도면을 보면 대체적인 규모와 위치를 알 수 있습니다. 1907년에 작성된 것으로 보이는 〈북궐도형〉이 훌륭한 길잡이가 됩니다. 〈북궐도형〉에는 이 영역을 포함한 경복궁 구석구석이 자세히 그려져 있습니다. 〈북궐도형〉을 보기 전에 이 영역에서 왕이 일하던 사정전이 가깝다는 점을 알아 두면 좋겠습니다.

이 영역에 커다란 집 한 채가 섬처럼 우뚝 서 있습니다. 경회루가 워낙 크고 멋진 탓에 이 건물은 꿔다 놓은 보릿자루 같습니다. 그러나 이 건물도 예사롭지 않습니다. 크기도 크기려니와 특별한 건물 앞에만 놓이는 월대가 있습니다. 이 건물이 수정전입니다. 수정전은 앞에서 보면 10칸, 옆에서 보면 4칸, 모두 40칸짜리 건물입니다.

수정전 자리에 예전에 집현전이 있었습니다. 집현전은 세종의 씽크탱크였습니다. 세종이 이룬 수많은 업적은 세종 홀로 이룬 게 아닙니다. 집현전에서 일하는 뛰어난 관리들과 함께였기에 가능했습니다. 여러분이 보고 있는 수정전은 흥선대원군이 경복궁을 중건할 때 세운 건물입니다. 수정전은 고정된 관청으로 쓰이지 않았습니다. 고종의 사무실, 군국기무처의 회의 장소, 내각으로 사용되는 등 그때그때 달랐습니다. 군국기무처는 신분제도와 과거제도를 폐지한 갑오개혁을 주도한 기관입니다.

수정전 측면으로 가면 옆으로 연결되는 듯한 특이한 시설이 보입니다. 사라진 복도의 흔적입니다. 〈북궐도형〉의 수정전 양옆에서 그 모습을 확인할 수 있습니다.

지금부터 상상력이 필요합니다. 눈에 보이는 정원, 카페,

화장실, 담을 지우고 〈북궐도형〉에 보이는 건물로 하나하나 채우는 겁니다. 이곳에 수정전, 대전장방, 검서청, 규장각, 주원, 내반원, 내의원, 홍문관, 승정원, 선전관청, 빈청을 세우면 됩니다. 이 관청들을 궐 안에 있는 관청이라는 뜻에서 '궐내각사'라고 불렀습니다.

궐내각사 가운데 중요한 곳을 살펴보겠습니다. 승정원은 왕의 비서 기관으로 지금의 대통령 비서실, 선전관청은 왕을 호위하는 곳으로 대통령 경호실에 해당합니다. 지금도 대통령 바로 곁에 이 기관들이 자리 잡습니다. 옥당으로도 부르는 홍문관은 궁궐의 책을 관리하고 왕에게 자문하는 기관입니다. 현재, 궐내각사 가운데 일부를 복원하고 있습니다.

임진왜란 이전에도 이곳에 여러 관청이 있었습니다. 그중 하나가 보루각입니다. 보루각은 세종 때 만든 자격루가 있던 곳입니다. 다음은 세종 때 일입니다. 당시 밤에는 관리가 물시계를 직접 보고 시간을 알렸습니다. 그런데 그만 관리가 잠들어서 시간을 알려 주지 못했고, 관리는 벌을 받았습니다. 자초지종을 들은 세종은 만약 스스로 울리는 시계가 있었다면 이런 일은 생기지 않았을 거라 생각했습니다. 세종은 장영실에게 자격루를 만들도록 했고, 장영실은 자격루를 만드는 데 성공했습니다. 밤에 자격루에서 소리가 울리면 이 소리를 신호로 삼아 광화문과 종루의 종이 울렸습니다. 종루의 종은 한양의 백성들에게 하루의 시작과 끝을 알려 줬습니다.

오래전 보루각이 사라졌고, 세종 때 만든 자격루도 사라졌습니다. 현재 자격루의 일부가 전하는데 이건 중종 때 만든 겁니다. 국립중앙과학관에 현대에 복원한 자격루가 있습니다. 이 자격루에는 다음과 같은 사연이 있습니다. 현대의 한 과학자가 자격루에 관심이 많았습니다. 전해지는 자료는 거의 없었지만 어떻게 해서든 복원하고 싶었습니다. 뜻이 통했는지 국립고궁박물관의 도움을 받아 본격적으로 복원하기 시작

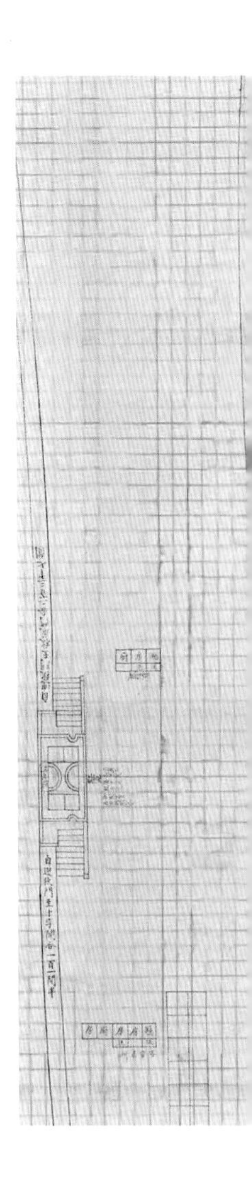

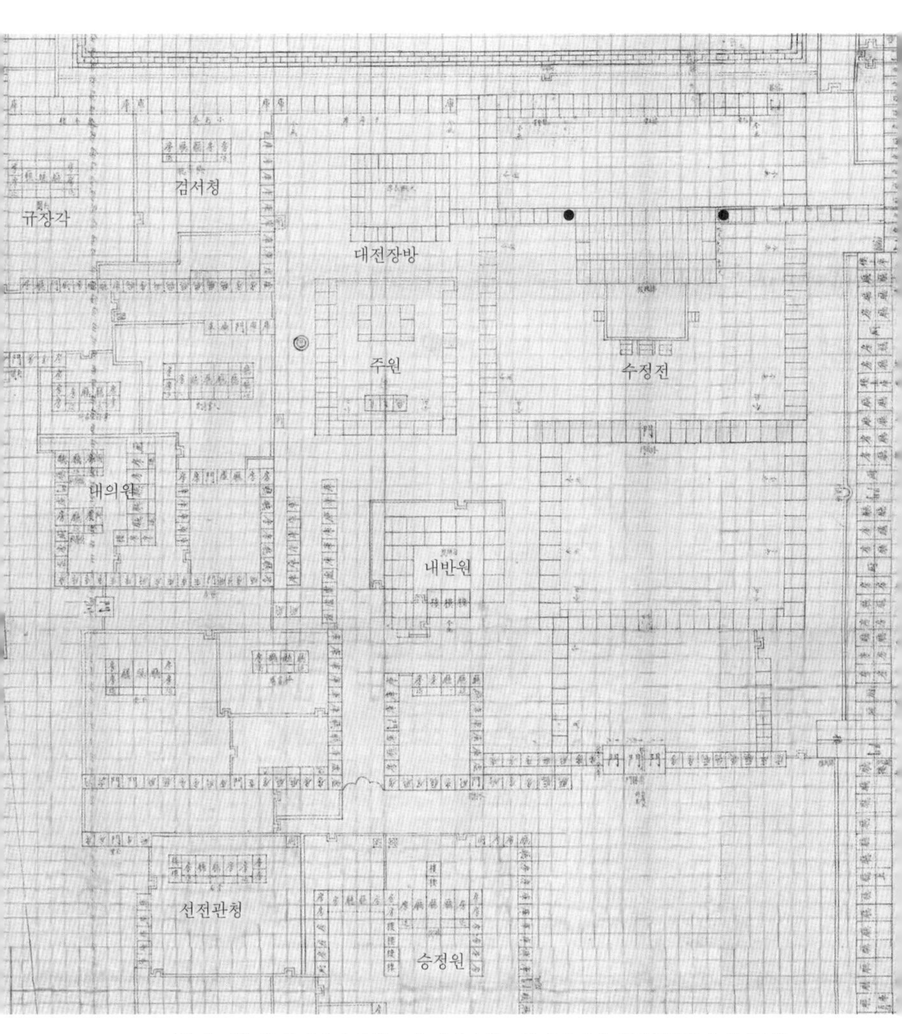

≋ 〈북궐도형〉 중 궐내각사 부분. ●은 사라진 복도의 흔적이다. ⓒ국립문화유산연구원.

했습니다. 겉모습만 그럴듯한 자격루가 아니라 진짜 움직이는 자격루를 만들려고 했습니다. 자격루에 사용된 쇠구슬이 달걀과 비슷하다는 옛 기록을 보고 전국의 토종닭이 낳은 달걀을 찾아다니며 달걀의 평균값을 구할 정도였습니다. 이런 노력으로 자격루 복원에 성공했습니다.

6

영역

향원정과 건청궁

스케이트
타던
곳

향원정

건물 너머 또 건물인 경복궁. 건물에 지쳐 갈 무렵 짠~ 하고 향원정과 시원한 연못이 나옵니다. 경회루에 비해 편안하고 아담하고 예쁩니다. 공식적인 공간인 경회루와 달리 이곳은 왕과 왕비의 사적 공간입니다.

향원은 '향원익청(香遠益淸)'에서 따왔는데, 향기는 멀리 갈수록 맑아진다는 뜻입니다. 향기의 주인공은 연꽃입니다. 향원정 건물 자체가 연꽃인 셈이고 그걸 바라보는 것만으로도 마음이 맑아지니까 향원이라는 이름은 탁월한 선택 같습니다.

향원정은 언제 만들어졌을까요? 그동안 향원정이 언제 만들어졌는지 추측만 하다 발굴을 통해 대략 1885년에 만들어진 걸로 밝혀졌습니다. 발굴 결과 향원정 안에 있던 온돌 시설이 구체적으로 드러났습니다. 정자 안에 온돌이라니!

고종과 명성황후는 겨울에 스케이트를 탈 수 있는 외국인을 향원정으로 초대했습니다. 그들은 온돌에 앉아 외국인들이 스케이트 타는 모습을 지켜봤습니다. 신나게 얼음을 지치는 외국인들의 뺨이 붉게 물드는 걸 보면서 명성황후는 무슨 생각을 했을까요? 왕과 왕비는 단지 이국적인 풍경을 보려고 외국인들을 초대했을까요? 이곳에 외국인들이 오면 자연스럽게 그들을 만나 이런저런 이야기를 나눌 수 있습니다. 일종의 국제 스포츠 외교의 현장이 바로 향원정이었습니다.

향원정은 사계절 모두 좋습니다. 그중 단풍이 드는 가을이 인기 높습니다. 또 동서남북 어느 방향에서 봐도 좋아서 여러분이 있는 곳이 바로 핫 플레이스가 됩니다. 우리는 남쪽 가운데서 시작하겠습니다. 이곳에서 보는 향원정과 북악산은 웅장하고 아름답습니다. 시계 반대 방향으로 걸어가다 저절로 멈추는 곳이 남동쪽 모서리입니다. 향원정에서 가장 인기 있는 곳입니다. 오른쪽부터 북악산, 향원정, 인왕산이 연속 그림처럼 이어집니다. 근정전 동남쪽 모서리에서 보는 풍경과 비슷한 느낌입니다. 그래서 그런지 이곳에서 기념사

≈ 향원정 앞에 선 바로 그 순간이 향원정을 보기에 가장 좋은 때다.

진을 찍는 사람들이 많습니다.

사진을 찍었다면 돌아보겠습니다. 멋진 풍경 때문이 아닙니다. 바로 뒤 평평한 공터에 우리나라 최초의 발전소인 전기등소가 있었습니다. 1887년 우리나라 역사상 최초로 이곳에서 전기를 생산해 전등을 켰습니다. 석탄을 이용한 작은 화력발전소였고, 이 전기로 건청궁과 향원정 일대를 밝혔습니다. 고종은 전등을 밝혀 혹시라도 밤에 일어날지 모를 위험을 줄이려고 했습니다. 그런데 전기 공급이 원활하지 못해 전등이 자주 깜빡거려 '건달불'이라는 별명이 붙었습니다.

이번에는 동쪽 차례입니다. 이곳은 일 년에 한 번 사람들이 줄을 서서 사진 찍을 때가 있습니다. 바로 가을입니다. 이곳의 커다란 단풍나무가 붉게 물들면 사진에 관심 없는 사람이라도 저절로 발걸음을 멈추게 됩니다.

북쪽에서 남쪽을 보면 풍경이 완전히 바뀝니다. 가까이에는 경복궁이, 멀리로는 신기루 같은 도시가 펼쳐집니다. 이곳에서 도시의 빌딩을 보면, 그곳이 나와 같은 시공간이 아니라 다른 시공간에 존재하는 것 같은 기분이 듭니다.

서쪽에서는 궁궐 안의 궁궐인 건청궁과 녹산이 보입니다. 녹산은 건청궁과 이어진 나지막한 산입니다. 아무 일 없어 보이는 이 산에서 명성황후의 시신이 불탔습니다. 서남쪽 모서리 근처 시무나무에서 보는 풍경도 좋습니다. 시무나무를 20리마다 심어 이정표 역할을 하게 했습니다.

향원정 연못을 한 바퀴 돌면 처음 출발한 곳이 나옵니다. 이렇게 한 바퀴 돌면서 다양한 풍경과 역사의 현장을 만났습니다. 이곳을 도는 여러분의 그림자가 연못에 쌓인 것처럼 이곳에서 일어난 역사의 순간들도 차곡차곡 쌓였을 겁니다.

한강의
근원

열상진원과 연못

향원정의 또 다른 주인공은 열상진원입니다. 열상진원은 연못 서북쪽에 자리 잡은 샘입니다. 향원정 연못이 맑고 깨끗한 건, 연못의 물이 넉넉한 건 쉼 없이 흐르는 이 샘 덕분입니다. 보면 볼수록 이 샘의 매력에 빠져듭니다.

열상진원의 매력으로 먼저 이름을 꼽겠습니다. 열상진원(洌上眞源)에서 '열상'은 열수, 곧 한강의 위쪽인 서울을 말하는데 여기서는 한강을 뜻하는 걸로 보입니다. 이렇게 보면 이 물이 한강의 진짜 근원이라는 뜻이 됩니다. 열상진원은 향원정을 채우고 경복궁을 가로질러 청계천으로 들어가 한강으로 흘러 서해로 나갑니다. 바다까지 나가는 샘물의 여정을 떠올리면 열상진원이 새삼 대단해 보이고 가슴이 뭉클해지기까지 합니다.

열상진원의 물은 곧바로 향원정 연못으로 들어가지 않습니다. 이게 열상진원의 두 번째 매력입니다. 열상진원 뒤에 작은 돌로 축대를 쌓았는데, 마치 두 팔을 벌려 샘을 감싼 것 같습니다. 그 앞에 뚜껑을 덮은 샘이 보입니다. 샘 앞에 새긴 "洌上眞源"은 한자를 잘 모르는 사람이 봐도 멋집니다. 샘을 나온 물은 아래로 흐르다 큰 반전을 일으킵니다. 동그란 홈으로 들어온 물은 동쪽으로 휙 꺾어 흐르다 다시 남쪽으로 90도 꺾어 연못으로 내려옵니다. 물은 방향을 두 번이나 꺾은 뒤 조용히 물속으로 들어갑니다. 왜 이렇게 만들었을까요? 물을 의도적으로 동쪽으로 흐르게 해서 명당수를 만들려는 뜻으로 보기도 하고, 물의 속도를 줄여 물이 잔잔하게 흐르게 하려는 의도로 보기도 합니다.

맑은 물이 흘러서일까요? 이곳으로 새들이 자주 모여듭니다. 이 새들은 열상진원의 매력 가운데 하나입니다. 그중 단골손님을 꼽자면 단연 까치로, 까치는 물속에 몸을

≈ 향원정이 아름다운 이유는 열상진원에서 맑은 물이 쉼 없이 솟아나기 때문이다.

푹 담갔다 빼곤 합니다. 열상진원 앞은 겨울에도 얼음이 얼지 않는데, 까치는 겨울에도 시원하게 목욕을 해서 보는 사람이 몸을 부르르 떨 정도입니다. 까치에 이어 오리도 자주 오고 봄이면 제비가 찾아옵니다. 제비는 경쾌하게 하늘을 날다 공중을 가르며 내려와 물 위를 스치듯 날고는 다시 올라갑니다. 물 찬 제비라는 말이 실감 나는 순간입니다. 가끔 까치보다 훨씬 큰 왜가리도 날아옵니다. 왜가리가 향원정 꼭대기에 우아하게 앉으면 너나 할 것 없이 사진을 찍느라 바쁩니다.

열상진원을 보고 자리를 떠날 때쯤이면 답답한 마음이 샘에 씻긴 듯 상쾌해집니다. 열상진원의 마지막 매력입니다.

왕들의
정치 이벤트

장안당

향원정 뒤쪽으로 기와집이 줄줄이 늘어섰습니다. 단청을 하지 않아 궁궐이 아니라 민가처럼 보입니다. 대문에는 둥글둥글하게 쓴 건청궁(乾清宮)이란 현판이 걸려 있습니다. 이곳은 궁궐 안의 궁궐인 건청궁입니다.

건청궁은 고종과 관련이 깊습니다. 고종은 즉위했을 때 나이가 어려 아버지인 흥선대원군이 대신 정치를 했습니다. 그러나 언제까지 그렇게 할 수는 없었습니다. 어느덧 고종의 나이 22세, 직접 정치할 나이가 되자 고종은 자기 시대가 왔다는 걸 알리는 획기적인 이벤트를 합니다. 흥선대원군이 왕실의 권위를 회복하기 위해 경복궁을 중건한 것처럼 고종은 건청궁을 짓습니다. '건청'은 하늘이 맑다는 말로, 왕이 정치를 잘하는 걸 뜻합니다.

건청궁 대문을 지나 왼쪽으로 들어가면 왕의 거처인 장안당이 나오고, 곧바로 가면 왕비의 거처인 곤녕합이 나옵니다. 먼저 장안당으로 갑시다. 장안당은 마당이 널찍한 집입니다.

권세 있는 집안의 민가처럼 보이지만 한 가지 다른 점이 있습니다. 마루에 왕을 상징하는 〈일월오봉도〉 병풍을 놓았습니다. 고종이 큰 꿈을 펼치기 위해 건청궁을 지었지만, 건청궁은 아쉽게도 일제에 의해 1909년에 사라집니다. 지금 건물은 2007년에 복원한 겁니다. 복원 뒤 십여 년이 지나면서 건청궁에도 세월의 더께가 쌓이기 시작했습니다.

마루 앞에서 돌아서면 향원정이 보입니다. 장안당 마루와 향원정을 잇는 축은 경복궁의 주요 건물인 교태전, 강녕전, 사정전, 근정전, 광화문의 중심을 관통합니다. 장안당이 경복궁의 중심축에 있다는 사실을 알면 이곳의 무게감이 다르게 다가옵니다.

고종은 세계사의 전환기를 살았습니다. 그를 어떻게 평가할 것인가는 오랜 숙제였고 아직도 진행 중입니다. 고종을 평가하는 진폭은 상당히 큽니다. 무능하고 부패했다는 의견부터 그래도 최선을 다했다는 의견까지 다양합니다. 오랜 시간 무능하고 유약한 왕으로 평가되다, 점차 어려운 시기에 최선을 다했으며 무능하지 않았다는 방향으로 평가가 바뀌고 있습니다. 관점에 따라 평가가 다르지만, 한 가지 분명한 건 그가 살던 시대는 그 이전에는 한 번도 겪지 못한 시대였다는 점입니다. 바로 제국주의 시대였습니다. 고종의 무능함을 이야기하기 전에 자기 나라의 이익을 위해 다른 나라를 무력으로 점령한 일본에 가장 큰 책임을 물어야 합니다.

고종의 시대에 일어난 사건을 떠올려 보면 현기증이 날 정도입니다. 이 시대를 살아간 백성들은 무엇을 꿈꿨을까요? 그들의 꿈은 자기 땅에서 안심하며 농사를 짓고 적절한 세금을 내는 것이었습니다. 그러나 고종의 시대에 이 문제는 해결되지 못한 채 더욱 심각해져 1894년 동학농민혁명으로 폭발했습니다. 고종이 눈을 돌려야 할 가장 기본적인 문제는 바로 이것이었습니다. 나

≋ 장안당에서 일하고 쉬던 고종은 제국주의 한복판을 관통하며 살았다.

라의 근간이 되는 농민들은 더 이상 버티기 힘들다고 곳곳에서 비명을 질렀습니다. 다른 시대였다면 외세의 개입 없이 새로운 사상으로 무장한 세력이 나타나 새로운 권력을 만들었을 겁니다.

비극이
벌어진
장소

곤녕합

경복궁에서 마음 편하고 아늑한 곳은 어딜까요? 건청궁의 곤녕합을 첫손가락으로 꼽는 사람이 제법 많습니다. 장안당은 왕의 거처였고, 곤녕합은 왕비의 거처였습니다. 민가로 따지자면 안채에 해당합니다. '곤녕(坤寧)'은 땅이 편안하다는 뜻으로, 건청과 짝하는 말입니다. 아기자기한 곤녕합 영역은 아늑해서 이곳에 들어선 사람들을 포근하게 감싸 줍니다.

곤녕합 동행각의 툇마루는 사람들을 살펴보기에 알맞은 곳입니다. 곤녕합으로 오는 사람들이 어떻게 이 공간을 보는지 한눈에 보이거든요. 경복궁에서 사람들이 문화유산 안내판을 가장 열심히 읽는 곳이기도 합니다. 한 명이 읽기 시작하면 지나가는 사람도 호기심에 끌려 함께 읽습니다. 우리나라 사람이라면 대부분 아는 명성황후가 세상을 떠난 곳이 곤녕합입니다. 일행 중 한 명이 "명성황후가 죽은 곳!"

이라고 말하면 다른 사람들이 '아, 그래?'라는 눈빛을 보냅니다. 뮤지컬 〈명성황후〉에 나오는 "내가 조선의 국모다!"로 기억되는 왕비입니다.

1895년 음력 8월 20일 새벽 곤녕합은 비극의 현장이 되었습니다. 당시 일본은 청일전쟁에서 승리한 뒤 조선을 손아귀에 쥐려 했습니다. 일본의 의도를 알아차린 명성황후는 러시아 등 다른 나라와 손잡습니다. 그러자 일본은 명성황후를 없애기로 작정하고 일본인은 물론 조선의 군인과 관리, 심지어 흥선대원군까지 끌어들입니다. 이 사건은 조직적으로 진행되었고, 명성황후는 이곳에서 숨을 거둡니다. 그리고 시신을 바로 곁에 있는 녹산에서 불태웁니다. 이 사건을 을미사변이라고 부릅니다.

한동안 건청궁에 갇혔던 고종은 다음 해 2월 가까스로 러시아공사관으로 탈출합니다. 이 사건이 아관파천입니다. 국상 중이던 명성황후의 장례도 중지되었습니다. 절치부심하던 고종은 1897년 경운궁(훗날 덕수궁)으로 거처를 옮기고 대한제국을 선포해 새로운 나라를 열기 위한 첫걸음을 내딛습니다.

≋ 명성황후는 매일 보는 녹산에서 자신이 불태워질 거라 상상이나 했을까?

고종보다는 덜하지만, 명성황후 역시 다양한 평가를 받고 있습니다. 어려운 시기를 주체적으로 이끈 왕비로 높은 평가를 받을 때는 상대적으로 고종의 무능함이 도드라지곤 합니다. 한 명이 강조되면 다른 한 명은 부정적인 평가를 받는 딜레마 같은 상황이죠. 명성황후가 살아 있을 당시 누군가는 명성황후를 세상에서 가장 나쁜 여자라고 평가했고, 다른 누군가는 지성미가 넘친다고 말했습니다. 입장에 따라 평가가 사뭇 달랐습니다. 하지만 분명한 건 당시 명성황후가 일본으로서는 죽여야 할 만큼 위협적이었다는 사실입니다.

툇마루에서 일어나 동쪽으로 나가면 녹산이 나옵니다. 일본인들이 이곳 어딘가에서 명성황후를 불태웠습니다. 지금은 숲이 잘 가꿔져 있어 이런 비극이 일어났다는 사실이 전혀 믿기지 않습니다. 많은 사람이 이 사실을 모른 채 녹산 곁을 지나칩니다.

자선당 유구

곤녕합에서 녹산으로 가다 보면 뜻밖에 돌로 만든 구조물이 나타납니다. 돌로 만든 단 위에 일정한 간격으로 돌이 늘어섰고 계단까지 있습니다. 계단과 돌의 배치를 보니까 한옥의 아랫부분입니다. 이런 흔적을 흔히 '유구'라고 부릅니다. 나무로 만든 윗부분은 어디 갔을까요? 유구를 보면 이상한 점은 또 있습니다. 돌이 갈라지거나 깨지고 심지어 일부는 검게 그을렸습니다.

이 유구는 자선당의 아랫부분입니다. 자선당은 다음 왕위를 이을 세자가 생활했던 건물입니다. 원래 이곳에 있지 않고 근정전 동쪽에 있었습니다. 왜 원래 자리에서 한참 떨어진 산 아래 으슥한 곳으로 왔을까요? 이 사연을 알려면 일제강점기로 거슬러 올라가야 합니다. 1915년 경복궁에서 열린 조선물산공진회가 문제의 시작이었습니다.

조선을 식민지로 만든 뒤 일제는 조선을 발전시켰다고 대

대적으로 선전하고 싶었습니다. 속내는 조선을 식민지로 만든 정당성과 일본의 우월성을 널리 알리는 것이었습니다. 경복궁이 행사 장소로 정해졌습니다. 일제에는 선전을 위한 최적의 장소였습니다. 경복궁은 조선의 상징이자 정궁이었으며, 교통이 좋고 부지가 매우 넓었습니다. 게다가 행사가 끝나면 이곳에 조선총독부 청사를 짓기로 했습니다. 경복궁을 행사장으로 바꾸기 위해서는 수많은 건물이 걸림돌이었습니다. 일제가 선택한 방법은 아주 간단했습니다. 건물 팔아 버리기! 한옥은 해체해 옮긴 뒤 다시 조립할 수 있기 때문입니다. 이때 경복궁을 채웠던 수많은 건물이 경복궁에서 쫓겨나 뿔뿔이 흩어졌습니다.

자선당은 더욱 가혹한 운명에 처했습니다. 일본인 오쿠라 기하치로는 세자의 생활공간이었던 자선당에 눈독을 들였습니다. 결국 자선당을 해체해 일본 도쿄의 자기 집으로 가져갔습니다. 그는 일본 최초의 사립 박물관인 오쿠라슈코칸을 만들고 이곳에서 자선당을 '조선관'으로 이름을 바꿔 조선의 유물을 전시했습니다. 세자가 생활하던 건물이 전시관으로 바뀐 겁니다.

자선당의 수난은 여기서 끝나지 않았습니다. 1923년 9월 1일 일본에서 간토대지진이 일어납니다. 이때 곳곳에 불이 났는데 자선당도 불길에 휩싸였죠. 나무는 불타고 돌은 검게 그을리고 깨졌습니다. 자선당 안에 진열된 조선 유물도 불과 함께 사라졌습니다. 게다가 훗날 이곳에 정원을 꾸미면서 돌의 일부가 깨졌습니다. 그렇게 자선당의 흔적은 시간이 흐르면서 잊히는 듯했습니다.

1993년 일본에 교환교수로 간 건축학자 김정동은 오쿠라가 자선당을 일본으로 가져갔다는 기록을 발견합니다. 그는 사실을 확인하려고 자선당이 있다고 알려진 오쿠라 호텔을 찾아갑니다. 그러나 그를 맞이한 건 멀쩡한 자선당이 아니라 금 가고 깨지고 그을린 돌이었습니다. 한국 근대사를 온몸에 새긴 채 오랜 시간을 묵묵히 기다려 온 그 돌을 가져오기 위한 노력이 필요했습니다.

1995년 12월 마침내 자선당 유구는 여러 사람의 노력으로 200여 개의 상자에 실려 고국으로 돌아왔습니다. 거의 80년 만이었습니다. 이로써 자선당의 오래고 고된 여정이 끝나는 듯했습니다. 그러나 곧 새로운 문제에 부딪힙니다.

이 돌을 사용해 자선당을 복원하는 게 가장 좋은 시나리오였지만 돌의 상태가 그렇지 못했습니다. 결국 이 돌은 원래 있던 자리에서 한참 벗어난 녹산으로 옮겨졌습니다. 그리고 2001년 자선당 자리에 복원한 자선당이 들어섰습니다.

만약 이곳에 들른다면 꼭 안내판을 읽고, 돌만 덩그러니 남은 자선당의 흔적을 기억하기 바랍니다. 동궁 영역에 있는 복원된 자선당도 잊지 말고 들러 보세요. 그리고 그 자리에 이 돌을 놓는 대신 건물을 복원한 게 최선이었는지 생각해 보면 좋겠습니다. 오히려 이 돌을 원래 자리에 놓았다면 자선당의 역사가 더욱 분명하게 드러나지 않았을까요?

세 공간
비교해
읽기

집옥재 일원

건청궁을 떠나 경복궁의 북문인 신무문 방향으로 가다 보면 운동장처럼 넓은 뜰이 나타납니다. 뜰 끝에 익숙하면서도 낯선 세 채의 건물이 친구처럼 늘어서 있습니다. 수상한 이 건물들의 정체는 뭘까요?

세 채 중 가운데 건물이 크고 당당합니다. 계단이 넓고 동물이 조각된 걸 보니까 중요한 건물이었던 것 같습니다. 이 건물이 집옥재로, '집옥(集玉)'은 옥을 모은다는 뜻이며 옥은 책을 상징합니다. 집옥재는 고종의 도서관이자 서재여서 집옥이라는 말이 건물의 용도와 잘 어울립니다. 책은 다양한 세상과 만나게 해 주고, 자신의 세상을 넓혀 주니까 옥중의 옥이라 할 만합니다.

집옥재에는 서양 문물을 소개한 중국 책이 많았습니다. 아마 고종은 책을 통해 다른 세계를 만나면서 새로운 조선을 꿈꾸었을 겁니다. 하지만 아쉽게도 이 책들을 얼마나 읽고, 어떤 생각을 했으며, 어떻게 정책에 반영했는지는 알기 어렵습니다. 왕의 책은 수집한 범위뿐 아니라 그 책을 정치에 어떻게 활용했는지 파악할 수 있어야 제대로 평가받을 겁니다. 왕은 장서가나 독서가 이전에 국가를 책임지는 사람이니까요.

그런데 건물이 어딘지 익숙하면서도 낯섭니다. 중국 분위기가 물씬 납니다. 양쪽 벽은 벽돌로 만들어졌고, 지붕의 양 끝은 칼로 자른 것처럼 짧습니다. 낯선 부분은 또 있습니다. 지붕 용마루 끝에 달린 용 모양 장식은 지금까지 본 경복궁 건물에는 없습니다. 이 건물은 원래 경복궁에 없었습니다. 고종이 창덕궁에서 살던 1881년 중국 양식을 반영해 창덕궁에 지었습니다. 고종이 창덕궁에서 경복궁으로 오면서 이 건물도 함께 왔습니다. 이렇게까지 한 걸 보면 고종이 매우 아끼는 건물이었던 모양입니다.

반면 오른쪽 건물은 우리 눈에 익숙한 한옥입니다. 집옥재보다 낮은 이 건물은 협길당입니다. '협길(協吉)'은 함께 복을 누린다는 뜻입니다. 협길당은 고종이 쉬던 곳으로 바닥에 온돌을 깔았습니다. 고종은 집옥재에서 책을 읽고 협길당에서 쉬었습니다. 건물 이름을 연결해 '책을 모으고 또 읽어 그 힘으로 모두 복을 누리자'라고 상상할 수도 있습니다.

이번에는 왼쪽 끝 건물인 팔우정을 볼까요? 집옥재만큼은 아니지만 이 건물도 낯섭니다. 팔우정은 향원정처럼 생긴 팔각형의 이 층 건물로, 책을 보관하는 서고입니다. 그러나 지금은 책이 없습니다. 이곳을 가득 채웠던 책들은 어디로 갔을까요? 여러 가지 일을 겪으며 지금은 서울대학교 규장각과 한국학중앙연구원 장서각에서 나누어 소장하고 있습니다. 또 일부 책은 경운궁(덕수궁)의 수옥헌으로 옮겨졌다 수옥헌이 불타면서 함께 사라진 걸로 보입니다.

이번에는 건물 안으로 들어갈 차례입니다. 집옥재에 들어서는 순간 조각 작품 속으로 들어온 것 같습니다. 천장 세 곳을 움푹 파고 그 안에 용과 봉황을 그렸는데, 우리나라 건축에서는 보기 힘든 디자인입니다. 벽도 천장에 뒤지지 않아 꽃 조각으로 숨 쉴 틈 없이 채웠습니다. 마루 둘레는 한 단 높였습니다.

집옥재를 나와 팔우정으로 가겠습니다. 현재 팔우정은 여덟 면 모두 유리창을 달았습니다. 그런데 옛 사진을 보면 아

≋ 집옥재 내부는 조각 작품처럼 섬세하고 화려하고 복잡하다.

래층은 창호지를 바른 창문이었고, 위층에는 아예 창문이 없었습니다. 창문 아래쪽에 탁자와 의자가 놓여 있어 기분 좋은 카페에 들어온 기분입니다. 팔우정의 동남쪽 창문 앞에 앉으면 창문으로 향원정이 아늑하고 편안한 그림처럼 보여서 일어나기가 쉽지 않습니다.

마지막으로 가 볼 곳은 협길당으로, 집옥재에서 복도로 이어져 있습니다. 협길당의 내부는 겉보기와 달리 많은 방이 촘촘하게 이어져 있습니다. 방이 아늑하고 편안해서 잠이 스르르 올 것 같습니다.

세 건물을 보고 나면 통통 튀는 후식처럼 집옥재 계단이 기다립니다. 통제하고 있어서 오르내릴 수 없지만 계단의 동물을 만나기에는 아쉽지 않습니다. 계단 위쪽 가운데 있는 동물은 봉황이 아닙니다. 경복궁 다른 계단에는 봉황이 나오지만, 이곳만큼은 용입니다. 계단 가장자리에도 길게 용이 늘어섰습니다. 눈은 툭 튀어나오고, 몸통은 땡땡이 무늬이며, 발은 소심하게 웅크렸습니다. 사람들을 웃기려고 작정한 것 같습니다. 계단의 동물들은 경복궁의 숨은 진주입니다.

7

영역

궁궐의 변화가 보이는 곳

일제는 인왕산에
어떤 일을
저질렀을까

비현각과 자선당

동궁은 근정전 오른쪽에 있습니다. 사람들은 대부분 근정전을 본 뒤 경회루나 사정전으로 이동합니다. 그러다 보니 동궁은 늘 한적하고 조용해서 천천히 거닐고 싶다면 이곳이 제격입니다.

동궁이라는 말, 어딘지 익숙합니다. 동궁은 동쪽에 있는 궁이라는 뜻입니다. 새로운 해가 떠오르는 동쪽, 궁궐에서 새로운 해라면 다음 왕위를 이을 세자를 가리킵니다. 동궁은 세자가 사는 곳입니다. 현재 이곳에 비현각과 자선당, 계조당이 복원되었습니다. 비현각은 세자가 공부하고 일하는 곳으로, '비현(丕顯)'은 덕을 크게 밝힌다는 뜻입니다. 비현각 마당에서 가만히 귀를 기울이면 세자가 글 읽고 스승과 토론하는 소리가 들리는 것 같습니다.

비현각을 돌아보았다면 다음은 자선당 차례입니다. '자선(資善)'은 착한 성품을 기른다는 뜻입니다. 비현당에 이웃한 자선당은 건물의 배치와 구조가 비현각과 비슷합니다. 하지만 자선당이 비현각보다 조금 크고, 이름에 '각(閣)'이 아니라 한 단계 격이 높은 '당(堂)'을 썼습니다.

세종의 아들 문종은 세자 시절 이곳에서 오랫동안 생활했습니다. 문종은 측우기를 만드는 등 세종을 도와 여러 가지 일을 했습니다. 또한 자선당에서 그의 아들 단종이 태어났습니다. 고종의 아들 순종도 한때 이곳에서 생활했습니다.

자선당에서는 녹산으로 옮겨진 자선당 유구를 기억하면 좋겠습니다. 원래 그 유구가 이곳에 있었으니까요. 동궁 일대는 1915년에 열린 조선물산공진회 때문에 초토화되었습니다. 자선당은 일본으로 뜯겨 가고 비현각은 서울에 살던 일본인의 별장이 되었습니다. 흔적도 없이 사라진 동궁 일대에 조선총독부박물관이 들어섰습니다. 그리

≈ 자선당 왼쪽으로 보이는 인왕산 병풍바위에 '동아청년단결'이라는 글씨가 새겨졌었다.

고 조선총독부박물관 앞에는 전국 여러 절터에서 가져온 부처님의 무덤인 탑과 고승의 무덤인 승탑이 세워졌습니다.

일제는 경복궁을 훼손하는 것에 그치지 않았습니다. 경복궁을 보는 내내 여러분을 따라다닌 인왕산도 예외가 아니었습니다. 멋진 경치로 이름난 인왕산이 일제의 눈에는 거대한 선전장으로 보였습니다. 일제는 인왕산에 어떤 일을 벌였을까요? 인왕산에는 자선당에서도 잘 보이는 병풍바위가 있습니다. 일제는 병풍바위를 거대한 비석이라고 여겼습니다. 그래서 바위에 조각 기술자를 동원해 어마어마하게 큰 글자를 새겼습니다. 경복궁에서도 글자가 보이도록 새겼는데, 한 글자의 크기가 대략 사방 3.6미터였습니다. 이 글자는 틀림없이 이곳에서도 보였을 겁니다.

'동아청년단결(東亞青年團結).' 일제는 1939년 경성(서울)에서 열린 대일본청년단대회를 기념해 이 글자를 새겼습니다. 일본을 비롯한 여러 나라 청년이 단결해 일본을 위해 기꺼이 목숨을 바치자는 뜻입니다. 이때는 중일전쟁이 한창이었습니다. 2년 뒤 일제는 아시아태평양전쟁을 일으킵니다. 일제는 인왕산에 글자를 새기고 6년 뒤 패전국이 되었습니다.

자선당 마당을 걷는다는 건 '발로, 눈으로 이 땅의 역사 만나기'입니다. 걷다 보면 어느 순간 답답한 마음이 가라앉을 겁니다. 대못 같던 인왕산의 글자는 지워졌고, 타향살이 신세였던 자선당 유구는 돌아왔으며, 자선당은 복원되었습니다. 그리고 여러분은 이곳을 평화롭게 걷고 있습니다.

궁궐 안
노동자들

소주방과 세답방

경복궁에서 이름 없는 사람들의 소리를 들으려면 어디로 가야 할까요? 동궁과 자경전 사이에 있는 소주방과 생과방 골목이 제격입니다. 내소주방, 외소주방, 소주방 행랑채, 생과방이 모여 복잡한 골목을 이루고 있습니다. 골목과 골목이 만나는 곳에 우물도 보입니다. 이 골목으로 들어가는 순간 이런 상상에 빠집니다.

코끝으로 고소한 음식 냄새가 솔솔 풍깁니다. 아궁이에서 타는 구수한 나무 냄새가 섞여 있습니다. 냄새 뒤로 소리가 딸려 옵니다. "빨리 해"라고 재촉하는 소리가 들리고 "휴"라는 가벼운 한숨 소리도 들립니다. 재료를 "탁탁" 다듬는 소리, "보글보글" 음식 끓는 소리도 빠지지 않죠. 골목길을 분주히 왔다 갔다 하는 걸음 소리 또한 놓칠 수 없습니다.

우물에서는 "쫘르륵" 물 긷는 소리와 함께 궁녀들의 푸념이 들립니다. 물 길러 나와 다른 궁녀에게 소곤소곤 속 깊은 이야기를 건넵니다. 다른 궁녀 흉도 보고 맞장구도 치며 서로에게 위로를 보냅니다. 깔깔거리다 보니 어느새 돌아갈 시간입니다. 이처럼, 굳게 닫힌 우물의 뚜껑을 열면 수많은 장금이의 이야기가 쏟아질 것 같습니다.

다른 궁궐 이야기지만 영조 때는 궁궐에 궁녀가 600명 정도 있었다고 합니다. 고종 시대 경복궁에도 그 정도는 있었을 겁니다. 궁녀 아래에 있는 무수리, 비자, 방자는 궁녀의 심부름을 하는 등 궂은일을 도맡았습니다.

이곳 소주방과 생과방에서는 음식을 만들었습니다. 집으로 따지면 주방으로, 내소주방과 외소주방의 역할이 달랐습니다. 내소주방에서는 왕과 왕비의 식사인 수라를 담당했습니다. 내소주방과 가까운 곳에 왕과 왕비의 생활공간인 강녕전과 교태전이 있습니다. 왕의 수라 하면 떠오르는 사람이 영조입니다. 그는 음식을 소박하게 먹은 걸로 유명한데, 그 덕분인지 조선의 최장수 왕으로 83세까지 살았습니다. 외소주방은 내소주방에 비해 규모가 큽니다. 이곳에서는 궁궐 잔치에 필요한 음식을 만들었습니다. 궁궐의 잔치는 성대하게 열리기 때문에 잔치에 필요한 음식도 상당했습니다.

≋ 물을 긷던 사람들을 상상하는 순간, 말없던 우물이 시끌벅적해진다.

생과방은 이름 그대로 과일이나 과자, 그리고 죽과 같은 가벼운 음식을 담당했습니다.

보통 때 소주방과 생과방은 굳게 닫혀 있습니다. 하지만 늘 그런 건 아닙니다. 일 년 가운데 특정 기간에 생과방 문을 엽니다. 단순히 여는 게 아니라 궁중 음식을 맛볼 수 있습니다. 문이 열리고 옛날 옷을 갖춰 입은 사람들이 왔다 갔다 하면 생과방에 활기가 넘칩니다. 역시 건물에는 사람이 있어야 온기가 돕니다. 소주방도 궁중문화축전 같은 특별한 행사 기간에는 문을 열어 궁중 음식을 먹고 전통 공연을 관람하는 프로그램을 진행합니다. 일 년 가운데 한때지만 소주방과 생과방이 살아나는 시간입니다. 이 기간에 이곳을 지난다면 잠시 멈춰 궁녀가 골목을 누비던 그 시절을 상상해 보세요.

그리고 또 한 곳, 경복궁 서북쪽에 자리 잡은 세답방도 기억하길 바랍니다. 외진 곳에 있고 인상적인 건물이 없으며 주목할 만한 역사도 없어서 사람들이 잘 찾지 않지만 말입니다. 세답방에서는 빨래하고 다듬이질하고 염색했습니다. 한번은 지인들과 이곳에서 세답방에 관한 이야기를 나눴습니다. 그 순간 지인들은 깜짝 놀랐습니다. 그동안 궁궐 하면 왕, 왕비, 왕족, 관리를 떠올렸는데 그들뿐 아니라 빨래하고 바느질하던 이름 없는 사람들이 거기에 있었고, 만약 그들이 없었다면 궁궐이 돌아가지 않았다는 평범한 사실을 알았기 때문입니다. 왕과 왕비가 우아하게 살 수 있었던 건 그들 덕분이었습니다.

궁녀들은 집이자 직장인 궁궐을 언제 떠날 수 있었을까요? 늙거나 병들거나 죄를 짓거나 세상을 떠났을 때입니다. 그리고 나라에 심한 가뭄이 들면 화난 하늘의 기운을 달래는 차원에서 일부 궁녀를 궁에서 내보냈습니다. 자기 의지로 궁궐을 떠나는 건 어려웠습니다.

또 다른
역사를
만드는 중

흥복전

"이 건물은 왜 이럴까?"

이 건물을 본 사람이라면 어김없이 이렇게 묻습니다. 이 건물이 흥복전으로, 현재 경복궁에서 매우 낯선 건물 가운데 하나입니다. 다른 건물들과 달리 아직 단청하지 않은 싱싱한 건물입니다. 흥복전은 2019년에 복원되었으니까 아주 젊다고 할 수 있습니다. 건물 부재의 변화를 지속해서 살펴본 뒤 단청할 계획이라고 합니다. 그 덕분에 흥복전에서 특별한 경험을 할 수 있습니다.

흥복전 영역에 들어서면, 순간 눈이 편안해집니다. 나무의 누런색과 나뭇결이 그대로 드러나 있기 때문입니다. 그래서인지 흥복전은 한 걸음 떨어져서 보기보다 한 걸음 다가서서 보면 좋습니다. 나뭇결과 건물의 부재들을 감상하면서 계단을 올라가 뒤돌아보세요. 작은 운동장 크기의 마당과 담장이 보이는데, 담장 너머가 교태전의 아미산입니다.

아미산에 나무들이 쭉쭉 솟았습니다. 이 나무 때문일까요? 잠시 궁궐이 아닌 다른 곳에 있는 듯합니다.

홍복전은 그날그날 마음이 끌리는 곳이 다릅니다. 문고리가, 나무의 옹이가, 나뭇결이, 처마가, 지붕이, 작은 화계가, 마당이 번갈아 마음으로 들어옵니다. 이럴 때는 슬쩍 문고리를 잡아 보기도 하고 나뭇결에 손가락을 대 보기도 합니다. 그리고 고개를 들어 눈으로 처마를 어루만지거나 마당을 느릿느릿 산책합니다. 그러다 보면 홍복전의 기운이 손가락으로, 손바닥으로, 눈으로, 발로 전해지는 것 같습니다. 뉘엿뉘엿 해가 저무는 저녁이라면 더더욱 그렇습니다. 부드러운 햇살을 받는 홍복전의 나무 부재를 그냥 지나치기란 참 어렵습니다.

언젠가 이곳도 단청할 겁니다. 단청한다면 이런 느낌을 받기 어렵고 따뜻한 온기도 단청 속으로 숨겠죠. 단청은 옛 사람으로 치면 관례를 치르고 성인이 되는 것과 같습니다.

홍선대원군은 경복궁을 중건하면서 홍복전을 만들었습니다. 이 건물은 여러 가지 용도로 사용되었습니다. 철종의 부인 철인왕후가 살던 집이 이 홍복전일 가능성이 큽니다.

한때는 고종이 집무실로 썼습니다. 고종이 사신을 접견할 때 이곳을 사용했다는 기록이 있습니다. 그리고 각종 행사도 열렸습니다. 철종의 딸인 영혜옹주의 남편을 이곳에서 뽑았는데, 이 사람이 갑신정변의 주역 박영효입니다. 신정왕후가 1890년 83세로 세상을 떠난 곳도 흥복전입니다.

일제강점기에 경복궁의 건물들이 대부분 뜯겨 나갔는데 그 와중에도 흥복전은 용케 살아남았습니다. 그러다가 1917년 창덕궁에 불이 나 일부 건물이 타 버렸고, 경복궁에 있던 흥복전은 헐려 창덕궁으로 가고 말았습니다. 그 뒤 일제는 흥복전 터를 일본식 정원으로 만들었습니다. 흥복전이 있던 곳을 연못으로 바꾸고 향원정에서 물을 끌어왔습니다. 1930년대 초중반에 작성된 〈조선총독부 부지평면도〉에는 흥복전 터가 연못과 정원으로 바뀐 모습이 잘 보입니다. 일본인들은 이곳에서 희희낙락거렸을 겁니다. 그냥 빈 터로 남은 것보다 연못이 있는 정원으로 바뀌었다는 사실이 더 안쓰럽습니다. 그래서 흥복전에 올 때면 애틋한 시선으로 곳곳을 어루만지게 됩니다.

가끔 흥복전의 마루에 특이한 안내판이 걸립니다. '회의

≈ 단청하지 않은 흥복전에 머무는 동안 나무의 따스함과 은은함으로 물든다.

중'이라는 안내판입니다. 그리고 댓돌 아래로 신발들이 보입니다. 이렇게 홍복전은 새로운 실험을 하고 있습니다. 복원할 때 회의에 필요한 시설을 만들고 화장실까지 설치했습니다. 겉에서만 구경하는 게 아니라, 복원만 생각하는 게 아니라 새로운 쓰임새를 만든 겁니다. 홍복전은 또 다른 역사를 만들어 가는 중입니다.

같은 공간
다른 사용

태원전

경복궁에서 사람들의 발걸음이 뜸한 곳이 태원전입니다. 경복궁 서북쪽 뚝 떨어진 곳에 있습니다. 덕분에 태원전은 조용하고 차분하고 때로는 엄숙할 정도입니다.

'태원(泰元)'은 하늘을 뜻합니다. 뭔가 중요한 곳이었을 것 같습니다. 태원전은 경복궁을 중건할 때 지은 건물로 잠시 태조와 원종(인조의 아버지) 초상화를 모시기도 했습니다. 그 뒤 신정왕후와 명성황후의 시신을 모시는 곳, 곧 빈전으로 사용되었습니다. 흥선대원군이 이곳을 왕이나 왕비의 시신을 모시기 위해 만들었기 때문에 다른 곳과 느낌이 사뭇 다릅니다.

태원전을 제대로 느끼려면 가장 앞쪽에 있는 건숙문에서 출발해야 합니다. 건숙문부터 시신을 모시는 태원전까지 일직선입니다. 그래서 건숙문 앞에 서면 엄숙하고 숙연한 느낌이 듭니다.

태원전은 다른 건물들과 구조가 다릅니다. 태원전 가운데는 천랑으로 연결되었습니다. 천랑은 건물 사이를 연결하는 복도를 말합니다. 그런데 천랑에서는 태원전이라는 현판이 보이지 않습니다. 중요한 건물에 현판이 없다니요! 그럴 리가 없습니다. 현판은 천랑에 가려 잘 보이지 않을 뿐입니다. 현판을 제대로 보려면 태원전 코밑까지 가야 합니다. 이곳에서 아무 생각 없이 위를 본다면 느닷없이 현판이 보여 깜짝 놀랄 수 있습니다.

태원전 영역에서 가장 흥미로운 공간은 천랑입니다. 바닥에 검은 벽돌을 깔았고, 양옆으로 사각형 기둥이 줄지어 늘어섰습니다. 그래서 그런지 천랑에 들어선 사람들은 다양한 자세로 사진을 찍고 싶어 합니다. 그 순간 천랑은 런웨이이자 핫스폿으로 바뀝니다.

≋ 태원전에 온 사람들은 독특한 분위기에 이끌려 다양한 자세로 사진을 찍는다.

처음에는 이곳에서 다양한 자세를 잡으며 사진 찍는 사람들을 보고 아쉬웠습니다. 다른 곳이라면 몰라도 이곳은 왕비의 시신을 모셨던 빈전이니까 먼저 차분하게 보고 사진을 찍었으면 하는 마음이었습니다. 경복궁을 다니다 보면 곳곳에서 사진 찍기에 진심인 관람객들을 만납니다. 한겨울 눈이 날리는 추운 날, 마음에 드는 사진을 찍으려고 냉기를 무릅쓴 채 차가운 근정전의 박석에 앉는 사람도 봤습니다. 마음에 드는 사진이 나올 때까지 박석에 앉고 서기를 반복합니다. 동궁의 비현각과 자선당에서는 사진가의 요청에 따라 자세를 바꿔 가며 사진을 찍습니다. 멋진 풍경이 보이는 팔우정 창가에 앉아 풍경을 보는 뒷모습을 찍기도 합니다.

세대가 바뀌고 문화가 바뀌면서 경복궁을 대하는 방식도 달라졌습니다. 각자 자기 방식대로 경복궁을 활용합니다. 답사하러 온 사람, 공부하러 온 사람, 여행하러 온 사람, 나들이하러 온 사람, 관광하러 온 사람, 산책하러 온 사람, 데이트하러 온 사람, 멋진 사진을 찍으러 온 사람. 멋지고 아름다운 사진을 열심히 찍는 건 당연한 일입니다. 이렇게 즐거운 기억과 추억을 만드는 거죠. 사람마다 경복궁을 보고 활용하는 방식이 다르다는 걸 인정하는 순간, 처음에 느꼈던 아쉬움은 많이 사라졌습니다.

하지만 여전히 이런 생각이 듭니다.

'가끔은 사진기를 내려놓고 자기 눈으로 보면 어떨까?'

먼저 그 공간이 어떻게 생겼는지, 어떤 느낌인지 살펴보면 좋겠습니다. 한 걸음 나아가 그곳에 어떤 역사가 있는지 관심을 기울이면 좋겠습니다. 보는 만큼 느끼고, 느낀 만큼 보이며, 또 아는 만큼 보이기 마련이니까요. 자기 머리와 마음을 통과해 만나는 곳은 더 이상 다른 곳이 아니라 내 곳이 됩니다. 사진을 찍기 전 그곳과 교감한다면 아마 더 아름답고 의미 있는 사진이 나올 겁니다. 모든 곳에서 이렇게 할 수는 없지만 이런 곳을 적어도 하나쯤은 만날 수 있습니다. 그중 하나가 태원전일 겁니다.

8

영역

나만의 방식으로 경복궁 보기

경복궁의
과학

부시와 풍기대

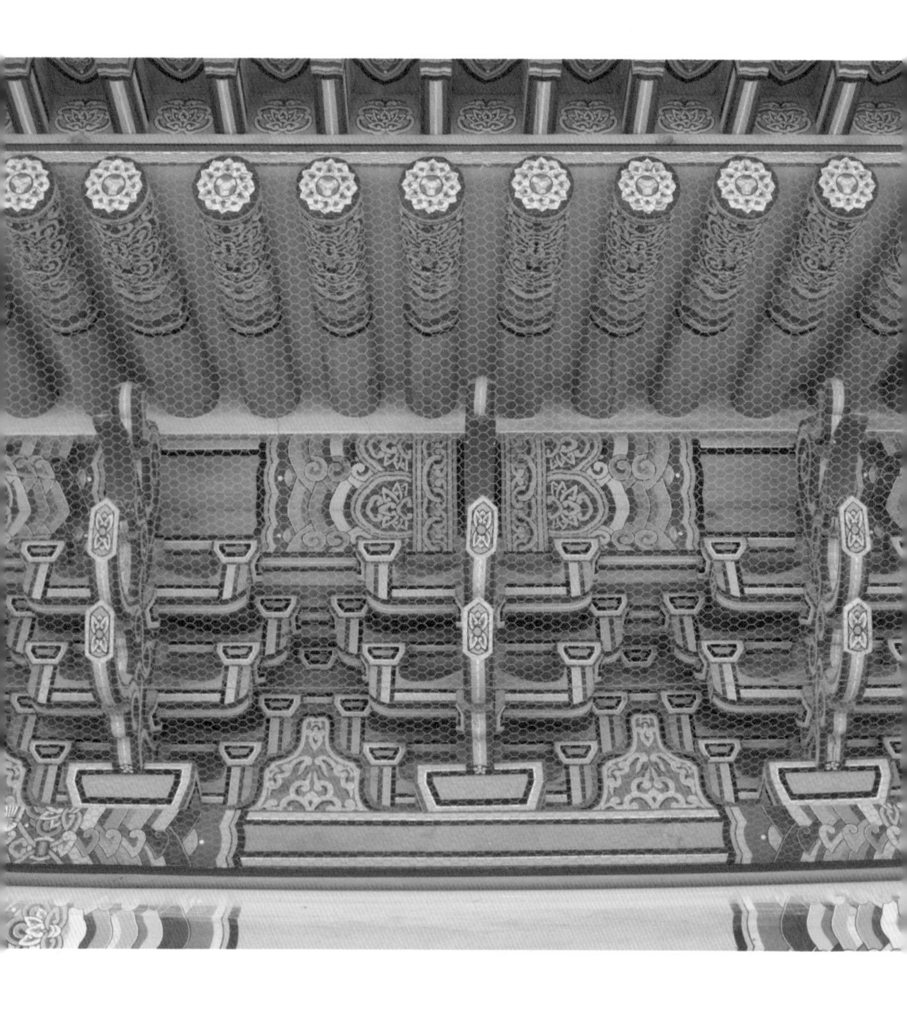

'도대체 뭘 하려고?'

경복궁에 들어오는 사람들이 먼저 궁금해 하는 게 입장권을 내는 홍례문 지붕 아래쪽을 감싼 그물입니다. 이 그물을 부시(罘罳)라고 하는데, '부'는 그물을 뜻합니다. 새가 오거나 살면 건물이 새의 똥과 털로 더러워지기 쉬우니까 촘촘한 그물로 새를 막는 겁니다. 그물을 현대에 설치한 걸로 많이들 알고 있지만 사실 부시는 조선시대부터 있었습니다. 당시에는 부시를 노끈이나 철사로 만들었습니다.

그러나 모든 건물에 부시를 설치하지는 않았습니다. 근정전 같은 중요한 건물에만 설치하고 다른 건물에는 대부분 다른 장치를 설치했습니다. 끝을 뾰족하게 만든 창이 다섯 개 달린 오지창입니다. 요즘도 집 처마 아래로 오는 비둘기 때문에 골치 아픈 일이 종종 생기죠. 옛사람들은 부시와 오지창으로 이 문제를 해결했습니다.

건물에 영향을 끼치는 건 새만이 아닙니다. 비바람이 대표적인데, 궁궐 건물들은 모두 나무로 만들어져서 비바람으로부터 큰 영향을 받습니다. 이 문제를 어떻게 해결했을까요? 궁궐 건물과 민가의 큰 차이 가운데 하나가 건물에 무늬나 그림을 그리는 단청의 유무입니다. 민가와 달리 궁궐 건물에는 단청을 합니다. 특히 단청한 서까래나 부연은 혼을 쏙 빼놓을 정도로 아름답습니다. 단청은 건물을 아름답게 장식할 뿐 아니라 비바람으로부터 보호합니다. 비바람이 직접 나무에 닿지 않게 해서 나무가 상하는 걸 막습니다.

경복궁의 단청 가운데 꼭 봐야 할 곳으로 근정전 단청을 꼽을 수 있습니다. 지붕 아래 부연과 서까래가 실로폰처럼 경쾌한 리듬을 만들며 부드럽게 이어졌습니다. 단청이 화려할 뿐 아니라 파란색을 조화롭게 사

하늘이 파란 날에 근정전 단청은 더욱 청량하고 경쾌하다.

용해 청량하고 발랄한 느낌이 듭니다. 특히 파란 하늘이 펼쳐진 날에 더욱 경쾌해 보입니다.

나무로 지은 건물은 건물 안으로 바람이 드나들어야 상하지 않고 오래갑니다. 경복궁에서 만나는 건물 아래에는 구멍이 있는데, 이 구멍으로 바람이 들어가고 나옵니다. 그러면서 습기를 적절하게 유지하고 곰팡이가 번지지 못하도록 막습니다. 만약 모두 막혔다면 건물 바닥이 쉽게 상했을 겁니다. 구멍은 간단하지만, 매우 효율적인 방법입니다.

경복궁에 있는 중요한 건물의 굴뚝은 건물에서 멀리 떨어져 있습니다. 강녕전, 교태전, 자경전의 굴뚝을 떠올리면 쉽게 알 수 있습니다. 굴뚝에서는 연기와 불순물, 냄새가 나옵니다. 만약 굴뚝을 건물 가까이 설치했다면 냄새가 건물 안으로 들어가고 연기와 불순물에 단청이 상했을 겁니다.

건축에서 빼놓을 수 없는 게 배수 문제입니다. 비가 내리는데 빗물이 잘 빠지지 않는다면 여러모로 곤란할 겁니다. 특히 경복궁 같은 궁궐은 건물이 많고 마당도 넓어 배수 시설을 잘 갖춰야 합니다. 그래서 마당을 약간 경사지게 만들어 물이 잘 흐르도록 하고 마당 모서리에 물이 빠져나갈 수 있는 시설인 집수정을 만들었습니다. 집수정으로 모인 물은 땅속에 설치된 수로를 지나 개울로 빠져나갑니다. 마당뿐 아니라 우물이나 음식을 만드는 곳 역시 배수 시설을 잘 갖췄습니다.

경복궁의 배수 시설은 물은 높은 곳에서 낮은 곳으로 흐른다는 원리를 이용하는데, 이 원리를 잘 활용한 곳이 경회루 연못입니다. 경회루 연못의 크기는 남북 113미터, 동서 128미터, 깊이 2~3미터고 연못에 담긴 물의 양은 대략 2만 4,000톤 정도입니다. 연못의 물은 외부에서 들어오기도 하고 연못 바닥에서 솟아나기도 합니다. 연못의 물을 움직이는 효율적인 방법은 바닥을 비스듬히 만드는 겁니다. 실제로 경회루 연못의 바닥은 동북쪽이 높고 서남쪽이 낮습니다. 흐르는 물은 썩지 않습니다.

경복궁에는 조선시대의 과학 문화유산이 남아 있습니다. 경회루 남쪽 궐내각사 터에 팔각형의 돌기둥이 서 있습니다. 단순해 보이는 이 기둥이 바람의 방향과 세기를 측정하던 풍기대입니다. 풍기대 윗부분에 뚫은 구멍에 깃발이 달린 깃대를 꽂습니다. 지금은 깃대와 깃발이 사라져 처음 볼

≈ 아리송한 이 문화유산은 깃대를 꽂아 바람의 방향과 세기를 재던 풍기대다.

때는 의아스럽습니다. 조선시대에 풍기대로 바람을 관측한 기록이 전합니다.

지금은 사라진 조선의 과학 문화유산으로 간의대를 꼽을 수 있습니다. 간의대는 천체 관측 기구를 놓은 궁궐 안 천문대입니다. 세종은 정밀한 천체 관측 기구를 만들고 경회루 북쪽에 간의대를 설치합니다. 간의대의 크기는 높이 6.4미터, 길이 9.7미터, 너비 6.6미터(1척을 20.7센티미터 잡았을 경우)로 아주 큽니다. 나중에 세종은 중국 사신이 볼까 봐 경회루 북쪽에서 멀리 떨어진 경복궁 서북쪽으로 간의대를 옮깁니다. 당시는 중국 황제만이 하늘을 관측해 달력을 만들 수 있었으므로 괜한 오해를 부를까 염려한 겁니다. 또 간의대를 옮긴 터에 왕에서 물러난 뒤 자신이 머물 건물을 지으려는 마음도 있었습니다.

임진왜란으로 경복궁이 불타고 전쟁이 끝나고도 경복궁이 복구되지 않으면서 간의대는 더 이상 천문대 역할을 하지 못했습니다. 대신 높고 넓은 덕분에 경복궁으로 놀러 온 사람들이 올라가서 사방을 살펴보는 전망대가 되었습니다. 정조는 간의대에 올라 "대에 오르니 큰 길이 나 있는 도성이 네모난 방안처럼 보인다"라는 시를 지었습니다. 실학자 유득공도 경복궁에 놀러 와 간의대에 오르는 걸 빼놓지 않았습니다.

세종이 만들고 정조와 유득공이 올랐던 간의대를 왜 지금은 찾아볼 수 없을까요? 그 이유를 알려면 고종이 경복궁을 중건할 때로 돌아가야 합니다. 오래전 쓸모를 다한 간의대는 당시 다른 용도로 사용되었습니다. 간의대 부재 가운데 '옥석(玉石)'이라고 부르는 좋은 돌로 품계석 12개를 만들어 근정전 마당에 세웠고, 나머지 부재를 경복궁 동쪽 문인 건춘문 바닥을 까는 돌로 사용했습니다. 경복궁의 품계석과 건춘문 바닥 돌에는 졸린 눈을 비벼가며 하늘의 움직임을 관찰하던 조선 사람의 노고가 배어 있습니다.

경복궁의

문은

몇 개일까

집경당

경복궁에는 가는 곳마다 출입문이 있습니다. 건물이 대부분 사방으로 이어져 문이 많습니다. 문은 건물의 성격에 따라 크기가 다릅니다. 모양은 사각형이 대부분이지만 윗부분을 아치로 만들기도 합니다. 경복궁에서 문은 사람이 지나다니는 통로이면서 문 자체가 풍경을 담은 액자이기도 합니다. 경복궁이 주는 즐거움의 하나가 문을 통과하면서 마주치는 풍경입니다. 경복궁에서 최고의 문 풍경 맛집은 집경당입니다.

집경당은 향원정 바로 아래에 있습니다. '집경(緝敬)'은 계속해 공경한다는 뜻입니다. 고종은 이곳에서 신하들과 학문을 토론했고, 한때는 도서관으로 사용했습니다. 집경당과 이어진 건물인 함화당은 고종이 일하는 곳이었습니다. '함화(咸和)'는 모두가 화합한다는 뜻입니다. 함화당은 역사적 사건이 일어난 곳입니다. 1894년 동학농민혁명이 일어나자 고종은 청나라에 도움을 요청했고, 일본은 청과 맺은 약속을 구실 삼아 덩달아 조선으로 들어왔습니다. 그러고는 경복궁을 무력으로 공격해 고종이 있는 함화당까지 쳐들어옵니다. 그 뒤 조선 정부에 거센 압력을 행사해 청일전쟁에서 일본을 돕고 갑오개혁을 하도록 만들었습니다.

집경당과 함화당은 경복궁의 대다수 건물이 사라지는 와중에도 용케 살아남았습니다. 일제강점기에 조선총독부박물관 사무실로 사용되었습니다. 당시 경복궁 배치도를 보면 이 근처에 이 건물들만 덩그러니 남았습니다.

이제 집경당으로 문 구경하러 갑시다. 집경당으로 들어가는 중요한 문은 두 개입니다. 그 하나가 정문인 향명문(嚮明門)으로, 이 문으로 들어서면 집경당 정면이 보입니다. 집경당은 강녕전이나 자경전에 비해 아담합니다.

이번에는 동쪽 문인 봉양문(鳳陽門)으로 가겠습니다. 이 문으로 들어서면 인왕산이 보이기 시작합니다. 집경당의 측면과 지붕 위로 늘어선 인왕산이 조화롭게 이어집니다. 이때 집경당은 날렵하고 역동적으로 보입니다.

건물 서쪽의 출입문은 하나입니다. 비록 문은 아니지만

누마루 아래로도 지나갈 수 있습니다. 문을 지나면 또 다른 문이 나오는데 함화당으로 가는 계명문(啓明門)으로, 윗부분을 아치로 만들었습니다. 이 문으로 인왕산과 함화당이 보입니다. 누마루 아래의 육각형 무늬는 얼음을 나타낸 것으로, 불이 나지 말라는 기원을 담았습니다. 집경당 뒤로 가려면 집경당과 함화당을 이어 주는 복도각 아래를 지나가야 합니다. 복도각을 지나려면 고개를 숙여야 하는데, 이렇게 지나가는 것도 재밌습니다.

복도각을 지나면 집경당과 함화당을 이어주는 영춘문(迎春門)이 나옵니다. 영춘문으로 함화당의 뒤뜰과 인왕산이 보입니다. 이 문이 예뻐서인지 이곳에서 사진을 찍는 사람들이 종종 있습니다.

마지막으로 집경당 북쪽으로 가겠습니다. 북쪽 담에 작고 아담한 문이 달렸는데 이 문이 응복문(應福門)입니다. 아치형으로 된 이 문으로 보이는 향원정이 마치 그림 같습니다. 여름이면 문밖에 공 모양의 하얀 불두화가 활짝 피죠. 응복문 뒤쪽 계단에서 보면 응복문, 향원정, 건청궁, 북악산이 차례대로 들어옵니다.

≈ 계명문은 윗부분을 아치로 만들었다. ⓒ경복궁관리소.

그럼, 집경당 내부에서 보는 풍경은 어떨까요? 집경당은 일 년 내내 들어갈 수 없지만, 그래도 기회는 있습니다. 특별한 행사 기간에 공개하기도 하거든요. 이때 집경당 안으로 들어가면 바깥 풍경을 볼 수 있습니다. 여러 풍경 가운데 집경당 마루에서 보는 풍경이 아름답습니다. 앞쪽으로 집경당 마당과 향명문이 보이고 멀리 도심 일부가 눈에 들어옵니다. 그리고 뒤로 돌면 응복문과 향원정이 일직선으로 보입니다. 건물 안이 마당보다 높아서 보이는 풍경이 시원합니다.

집경당에서 숨바꼭질하듯 문을 따라가다 보니 어느새 집경당을 한 바퀴 돌았습니다. 집경당은 크거나 화려하지 않지만 문에서 보는 풍경만으로도 충분히 매력 있습니다.

조용한
산책
가능합니다

경복궁 서쪽 길

경복궁은 늘 사람들로 붐비고 숲이 많지 않아서 호젓한 길을 찾기 어렵습니다. 그렇다고 호젓한 길 하나 품을 여유가 없는 건 아닙니다. 경회루 서남쪽 끝에서 몇 걸음만 더 가면 뜻밖의 풍경이 펼쳐집니다. 물이 졸졸 흐르는 개울이 나오고 개울가로 큰 나무들이 늘어섰습니다. 그리고 그 옆으로 한적하고 제법 긴 길이 나 있습니다.

이 길이 시작되는 곳에 의자가 있습니다. 이곳에 잠시 앉아 둘러보면 경복궁에 이런 곳이 있나 싶습니다. 의자에 앉아 개울을 보면 마음이 편안해집니다. 이 개울은 평상시에는 졸졸 흐르다 큰 비가 내리면 순식간에 콸콸 소리내며 흐릅니다. 경회루에 사는 물고기들이 떠내려와 펄떡거리기도 합니다. 같은 개울이 맞나 싶습니다. 새소리도 들립니다. 개울가의 큰 나무를 좋아하는지 새들이 많이 모여듭니다. 흐르는 물소리에다 새소리까지 들으면 마음이 부자가 된 것 같습니다.

흐르는 개울을 보고 새소리를 듣다 의자에서 일어납니다. 이제는 오솔길을 걸을 시간입니다. 오솔길 초입에서 전설 같은 버드나무를 만납니다. 깊은 주름처럼, 시간에 꽉 눌린 지층처럼 나무껍질이 깊게 파였습니다.

나무의 배웅을 받으며 길게 이어진 흙길을 본격적으로 걷습니다. 길 양옆으로 나무들이 늘어섰습니다. 나무, 길, 담장, 북악산을 신기한 듯 살펴봅니다. 그러다 어느 순간 시선이 나에게 머뭅니다. 이때쯤 길이 끝나곤 합니다.

이 길을 걷다 보면 우리나라의 산수화에 나오는 길이 떠오릅니다. 산수화 속 길은 대부분 구불구불해서 오가기에 까다롭습니다. 어렵고 힘든 길 끝에 속세에서는 보기 힘든 곳이 나옵니다. 힘들고 스트레스 받는 속세를 잠시 벗어나는 치유의 공간일 겁니다. 그곳에서 치유받고 다시 길을 따라 내가 사는 세상으로 돌아옵니다. 경회루 서남쪽의 오솔길을 걷다 보면 가끔 옛 산수화 속으로 들어가는 기분이 듭니다. 비가 올 때나 눈이 내릴 때 더욱 그렇습니다.

이 길을 걷는 동안 오감이 활짝 열리기를 바랍니다.

나만의
나무
만나기

경복궁의 나무들

나무는 경복궁을 풍요롭게 만듭니다. 역사의 굴곡을 자주 겪은 경복궁에서 오래된 나무들을 찾기란 쉽지 않습니다. 후원 영역을 빼면 경복궁에서 가장 오래된 나무가 130여 년 되었다고 합니다. 경복궁의 나무가 우리에게 주는 선물은 한둘이 아닙니다. 기분을 바꿔 주고 때마다 계절을 알려 줍니다. 봄이면 상큼하고 발랄한 기운, 여름에는 무성한 생명력, 가을에는 라스트 댄스의 절절한 아름다움, 겨울에는 본질을 드러내는 기백을 전합니다.

경복궁에 가면 마음에 드는 나무를 찾아 인사 다닙니다. 마을에서 오래 살아온 어른들, 고향에 있는 친구들에게 인사를 건네는 것처럼요. 인사를 건네는 나무는 대략 이렇습니다. 건춘문 앞의 은행나무, 경회루 서쪽 모서리의 능수버들, 경회루 옆 개울가의 큰 버드나무, 태원전 건숙문 옆 향나무, 장고(장을 보관하는 창고) 앞 개울의 용버들, 향원정의 시무나무, 건청궁 장안당 뒤뜰의 감나무(요즘은 감나무로 가는 길을 막아 아쉽습니다). 나무마다 보는 방법이 조금씩 다릅니다. 멀리서 보거나, 껍질에 손을 대 보거나, 가지가 바람을 따라 움직이는 모습을 보거나, 나무 아래서 고개를 들어 올려보거나.

그중에서 가장 좋아하는 나무를 꼽자면 건춘문 앞 은행나무, 경회루 개울가 큰 버드나무, 건숙문의 향나무입니다. 건춘문 앞에 잘 가꾼 은행나무가 우뚝 서 있습니다. 덩치가 크고 우람한데, 나이가 대략 110세라고 합니다. 커다란 우산을 편 것 같은 나무 아래에 서면 아늑하고 포근합니다. 나무를 따라 편안하게 쉴 수 있는 의자가 둥그렇게 놓여 있습니다.

잎사귀가 모두 떨어진 겨울에는 은행나무의 모습이 온전하게 드러납니다. 이때가 가장 멋있죠. 가지들은 하늘을 향해 손을

≈ 잎이 모두 떨어진 겨울, 건춘문 앞 은행나무는 가지마다 기백이 넘친다.

흔드는 것 같습니다. 겨울이 지나면 언제 어린잎이 나올까 궁금해서 경복궁에 갈 때마다 찾아봅니다. 그러다 어느 순간 연둣빛 어린잎이 나오기 시작하면 마음이 설렙니다. 이 나무의 어린잎처럼 설레는 어린 나뭇잎을 만난 적이 없습니다. 여름이면 무성해진 잎이 짙은 그늘을 만듭니다. 이런 날에는 오래도록 의자에 앉아 있습니다. 찬바람이 불면 잎이 노랗게 물들기 시작하고 은행나무는 점점 바빠집니다. 은행나무를 배경으로 사진을 찍으려는 사람들이 모여들기 때문입니다. 어느새 은행잎이 모두 떨어지면 겨울이 옵니다.

이 은행나무가 자리 잡기 전 이곳은 역사의 현장이었습니다. 1895년 을미사변이 일어난 뒤 건청궁에 갇혀 생명의 위협을 느끼던 고종은 필사적으로 경복궁에서 탈출합니다. 고종은 상궁의 가마를 타고 황급히 건춘문으로 빠져나가 러시아공사관으로 몸을 피합니다.

경회루 서쪽에는 경복궁을 관통하는 개울이 흐릅니다. 개울가에 큰 나무들이 좌우로 늘어서 있습니다. 이 나무들 가운데 유난히 눈에 띄는 나무가 아름드리 버드나무입니다. 한눈에 봐도 오래되어 보이는데, 이 나무의 정확한 나이는 밝혀지지 않았습니다. 이 나무를 보고 있으면 숭고함, 영원성이란 단어가 절로 떠오릅니다. 잎이 돋아날 것 같지 않은 나무에서 새잎이 돋아날 때면 슬며시 다가가 나무껍질을 쓰다듬습니다.

봄에 어린잎이 돋고 새들이 날아올 때면 그림 한 점이 떠오릅니다. 김홍도가 그린 〈마상청앵도〉입니다. 봄날 한 양반이 나귀를 타고 가다 연둣빛 버드나무에 앉아 지저귀는 꾀꼬리를 올려다보고 있습니다. 마르고 비틀린 버드나무에도 어김없이 어린잎이 돋고, 날아온 새는 봄의 기운을 나무와 하늘에, 그리고 사람에게 전합니다. 그림 속 마르고 비틀린 버드나무는 어쩌면 휘청거리며 살아가는 나, 우리일 겁니다. 개울가 아름드리 버드나무에 잎이 돋고 새가 찾아오는 것처럼 우리에게도 어김없이 봄날이 올 겁니다.

건춘문의 은행나무나 개울가의 버드나무에 비하면 건숙문의 향나무는 웅장하거나 화려하지 않습니다. 그러나 천의 얼굴을 가진 배우처럼 인상이 달라지곤 합니다. 어느 때는 브로콜리가 되고 다른 때는 솜사탕이 됩니다. 파란 하늘이 펼쳐지는 날에는 열기구가 되어 둥실 날아갈 것 같고, 눈이

펑펑 내리는 날에는 홀로 고난을 이겨 내는 수행자 같습니다. 아무도 눈여겨보지 않아도 그렇게 그 자리를 지킵니다.

건숙문의 향나무를 볼 때는 나무 아래에서 머리를 한껏 젖혀 위를 쳐다봅니다. 그러면 나무를 따라 하늘로 날아오르는 착각에 빠집니다. 그 기분에 취해 젖힌 목이 아파질 때까지 하늘을 봅니다. 참, 향나무의 향은 제사 때 혼을 땅으로 부르는 역할을 합니다.

경복궁
둘레길
걷기

궁궐의 돌담

지금까지 궁궐 안을 살펴봤습니다. 경복궁 여행의 마지막 코스는 궁궐의 돌담을 따라 한 바퀴 도는 겁니다. 덕수궁 돌담길처럼 아기자기하지 않지만, 경복궁으로 드나들던 큼직한 대문과 굵직한 역사를 만날 수 있습니다. 2022년 대통령 집무실이 용산으로 이사하면서 청와대 경호원의 눈치를 보지 않고 돌담길을 걸을 수 있게 되었습니다.

어디부터 걸으면 좋을까요? 광화문에서 시작해 시계 반대 방향으로 돌아가는 길이 좋습니다. 이 길을 따라가면 동십자각, 건춘문, 신무문, 영추문, 서십자각 터를 만납니다.

광화문을 지나 동쪽으로 가면 궁궐 모퉁이에서 동십자각을 만납니다. 돌로 만든 육중한 기단 위에 건물을 놓았습니다. 그런데 동십자각은 사방이 도로로 포위되어 무인도처럼 보입니다. 처음부터 이렇지는 않았을 겁니다. 동십자각은 원래 궁궐의 담장과 연결되어 있었습니다. 처음에는 조선총독부 앞 궁궐 담장을 없앨 때 동십자각과 이어진 남쪽 담장이 사라졌습니다. 그 뒤 1929년 조선박람회를 위해 전찻길을 낸다며 동쪽 담장마저 없앴습니다. 기나긴 경복궁 복원의 마지막 사업이 동십자각과 담장을 잇는 겁니다.

동십자각에서 북쪽으로 올라가면 건춘문이 나옵니다. 경복궁의 동쪽 대문인 건춘문은 봄이 시작된다는 뜻을 담았습니다. 그래서인지 문에서 싱그러운 봄 냄새가 나는 것 같습니다. 지금은 건춘문을 출입문으로 쓰지 않아 다른 대문들과 달리 늘 닫혀 있습니다. 이 문에는 두 가지 매력이 있습니다. 우선 천장에 있는 그림으로, 멋진 용 두 마리가 천장을 휘감고 있습니다. 이 그림은 밖에서는 보이지 않아 경복궁 안으로 들어가야 합니다. 파란색 용인 청룡과 노란색 용인 황룡으로, 옛 설화에서는 보통 청룡은 수컷, 황룡은 암컷을 가리킵니다. 경복궁의 대문 그림 가운데 가장 뛰어나죠. 건춘문의 또 다른 매력은 이곳에서 보는 풍경입니다. 건춘문에서 보는 경복궁 풍경이 뛰어나 일부러 이곳을 찾아가도 절대 후회하지 않습니다.

돌담을 따라 한참 걸어 올라가면 북쪽 대문인 신무문에

이릅니다. 이 문에서 청와대 본관이 훤히 보입니다. 신무문 천장에는 두 마리 거북 그림이 있습니다. 거북은 꼬리가 긴 게 수컷, 짧은 게 암컷으로, 이 그림에서도 꼬리로 암컷과 수컷을 찾을 수 있습니다. 거북은 상징하는 내용이 많습니다. 거북의 등은 하늘, 배는 땅을 상징합니다. 또 거북은 용, 기린, 봉황과 더불어 신령한 네 동물을 이룹니다. 거북이 북쪽을 상징할 때는 이름이 현무로 바뀝니다. 현무는 싸움을 잘하는 걸 상징합니다. 거북은 한번 물면 놓지 않고 등가죽이 단단해서 방어하기 좋기 때문입니다.

옛날에는 특별한 일이 아니면 신무문을 열지 않았습니다. 드나드는 사람이 적고, 특히 이 문으로 음기가 들어와 좋지 않은 일이 생길 수 있다고 믿었기 때문입니다. 그러나 가뭄이 들 때는 문을 열어 문으로 들어온 음기로 가뭄을 일으키는 양기를 눌렀습니다. 한양 도성의 북쪽 대문인 숙정문 역시 신무문처럼 평상시에는 닫고 심한 가뭄이 들 때는 열었습니다.

신무문을 떠나 정부서울청사 방향으로 내려가다 보면 영추문을 만납니다. 영추문은 경복궁의 서쪽 대문으로, ‘영추

≈ 경복궁의 마지막 복원 사업이 무인도 같은 동십자각을 궁궐과 연결하는 것이다.

(迎秋)'는 가을을 맞는다는 뜻입니다. 천장에 하얀색 호랑이가 있는데, 하얀색과 호랑이는 서쪽을 상징합니다. 그림 속 호랑이는 귀여운 고양이와 비슷합니다. 몸을 호랑이의 줄무늬 대신 꽃잎 무늬로 장식했습니다. 어떤 사람은 호랑이가 아니라 표범이라고 말합니다.

원래 이곳 천장에는 호랑이가 아니라 사령의 하나인 기린이 그려져 있었습니다. 기린은 뛰어난 왕이 나오면 세상에 출현한다는 상상의 동물로, 머리에 단단한 뿔이 솟아 있습니다. 그럼, 기린이 호랑이로 바뀐 이유는 뭘까요? 1926년 영추문 앞을 지나던 전차의 진동을 이기지 못하고 그만 영추문의 일부가 무너졌습니다. 이때 일제는 영추문을 보수하지 않고 아예 철거했습니다. 1975년 영추문은 원래 자리에서 북쪽으로 조금 더 올라간 곳에 콘크리트로 복원되었습니다. 이때 사령의 하나인 기린이 아니라 방위를 상징하는 하얀색 호랑이를 그린 걸로 보입니다.

영추문을 지나면 국립고궁박물관 모퉁이가 나옵니다. 이곳에 서십자각이 있던 자리라고 알려 주는 표지석이 있습니다. 왜 서십자각은 흔적도 없이 사라졌을까요? 1923년 경

≋ 활기찬 천장 그림과 그곳에서 마주하는 웅장한 경복궁 풍경으로 건춘문은 풍요롭다.

복궁에서 조선부업품공진회가 열립니다. 이 행사가 열리기 직전 경복궁 서쪽으로 전차가 놓였습니다. 행사를 보고 영추문으로 빠져나오는 사람들을 실어 나르기 위해서입니다. 이때 전찻길을 놓는 데 방해가 된다며 모퉁이에 놓인 서십자각을 철거했습니다. 현재 서십자각은 딱 하나의 흔적을 남겼습니다. 이곳을 지키던 동물이죠. 이 동물이 자경전 앞에 있는 늠름한 동물일 가능성이 높습니다. 그 당시 자경전은 조선총독부박물관 사무실로 쓰였습니다. 그래서 서십자각을 지키던 동물을 자경전 앞으로 옮긴 걸로 추정합니다.

참, 동십자각을 지키던 동물도 지금까지 남아 있습니다. 그런데 경복궁이 아니라 창덕궁에서 발견되었습니다. 이 동물이 어떻게 창덕궁으로 갔는지 아무도 모릅니다.

서십자각 터를 지나면 처음 출발했던 광화문이 나옵니다. 광화문광장에서 시작한 경복궁 여행은 이렇게 마무리됩니다. 이번 여행에서는 가지 않았지만, 현재 청와대가 있는 경복궁 후원과 왕을 낳은 후궁들의 사당인 칠궁도 기억해 주길 바랍니다.

| 에필로그 |

경복궁에서 만난 사계

계절마다 찾아간 경복궁. 경복궁은 그때마다 다른 빛깔을 보여 줬습니다. 경복궁에 간다는 건 그 빛깔에 설레고 그 빛깔에 물들기였습니다. 그날이 그날인 것 같은 날들이지만 조금씩 다른 그날들이 모여 새로운 빛깔을 만들어 냈습니다.

봄날의 경복궁은 서서히 연둣빛으로 물듭니다. 겨울의 무겁고 차가운 색들은 서서히 설레는 색들로 바뀌죠. 나무만 그런 게 아닙니다. 경복궁 전체가 그렇습니다. 어느새 사람들이 밟고 다니는 박석 사이에서 꽃이 피고 행각 한구석에 작은 풀이 삐죽 솟아오릅니다. 그럼, 쭈그리고 앉아 꽃과 풀을 바라봅니다. 영제교 개울가 나무들도 앞서거니 뒤서거니 꽃을 피웁니다. 개울은 오랜만에 활기가 돕니다. 향원정 연못을 제비가 쏜살같이 날아다닙니다. 봄날의 경복궁을 걷는 발걸음은 어느 때보다 가볍고 산뜻합니다. 화계에 활짝 핀 모란은 봄날의 마침표를 찍습니다.

문득 비가 쏟아지는 경복궁이 궁금합니다. 비가 온다는 예보를 듣고 부랴부랴 경복궁으로 가지만 조금씩 내리던 비가 그치거나 잔뜩 흐릴 뿐 비가 내리지 않기도 합니다. 그러던 어느 초여름 폭우가 내립니다. 우산도 소용없습니다. 경복궁을 찾는 사람들을 보기 힘듭니다. 이때 맑은 날이라면 볼 수 없는 뜻밖의 경복궁을 만납니다. 처마 끝에서 비가 쉼 없이 쏟아져 내리고 빗소리는 편안한 음악처럼 들립니다. 우산을 접고 행각을 따라 걷다 툇마루에 앉아 내리는 비를 바라봅니다. 그러다 근정전 박석 위로 냇물처럼 흘러내리는 물길을 만납니다.

폭우가 내린 뒤 햇빛 강렬한 여름이 옵니다. 땡볕의 열기가 훅훅 올라와도 그늘에 가면 견딜 만합니다. 그늘에 한 번 자리를 잡으면 일어나기까지 꽤 시간이 걸립니다. 여름 하늘은 유난히 파래서 울긋불긋한 단청이 더욱 청량합니다. 나무들은 초록을 더해 가고 좋아하는 개울과 오솔길은 더욱 깊어 갑니다. 여름의 에너지는 경복궁의 살아 있는 것들을 부지런히 성장시킵니다.

기나긴 여름이 지나고 가을이 옵니다. 가을의 색채는 컴퓨터로 색을 보정한 듯 맑고 밝고 선명합니다. 파란 하늘은 여전히 파랗지만 여름의 파랑과 달리 깊은 파랑입니다. 깊은 파랑은 경복궁을 신선하게 만듭니다. 이때는 검은 기와마저 반짝거립니다. 가을의 대기는 깊어져 경복궁은 입체감을 더하고 가을 단풍은 경복궁을 다른 세상으로 만듭니다. 지난 계절 소리 없던 단풍나무는 붉은 잎으로 강렬하게 존재감을 드러냅니다.

어김없이 겨울이 다가옵니다. 겨울은 그늘과 함께 옵니다. 그늘에 들어가면 춥고 햇볕에 있으면 따뜻해져 빨리 그늘을 피하고 싶은 때가 겨울입니다. 겨울의 경복궁에는 착 가라앉은 찬바람이 쉼 없이 불어옵니다. 찬바람이 코로 깊숙하게 들어올 때의 청량감이란! 메마른 돌과 흙바닥을 걷는 차가운 발걸음 소리란! 따뜻한 커피 한 잔 마시며 다시 움직일 힘을 얻습니다. 잎을 떨군 나무들은 더욱 강건해 보입니다. 겉치레를 거둬 내고 본질만 보여 주려는 듯이요. 이

나무들을 마주하면 그 기운이 온몸으로 퍼져 나가는 것 같습니다. 경복궁의 겨울은 나무의 시간입니다.

눈이 펄펄 내리는 날을 기다립니다. 드디어 눈 내리는 날, 경복궁에 갑니다. 경복궁의 하늘과 땅이 하얗게 바뀌어 가고 검은 기와는 하얗게 단장합니다. 아무도 밟지 않은 눈 위를 뽀드득뽀드득 걷습니다. 눈 내리는 경회루와 개울이 너무나 고요하고 평화로워 오랫동안 그 앞에서 멈춰 섭니다. 눈은 일상적인 풍경을 순식간에 비일상적인 풍경으로 바꿉니다. 눈을 맞는 건숙문의 향나무는 더욱 의연해집니다. 눈은 평면적인 이미지를 입체적으로 만듭니다.

그러는 사이 경복궁에 연둣빛이 감돌기 시작합니다. 다시 봄이 오나 봅니다.